그렇게 가족이 된다

핏줄 신화를 넘어

또 다른 가족을 상상하며

핏줄신화를 넘어
또 다른 가족을 상상하며

그렇게 가족이 된다

정은주
지음

민들레

머리 검은 짐승 거두지 않는다는 옛말이 있지만

2006년 겨울, 나는 어느 대학의 상담소에서 10주 동안 심리 상담을 받았다. 세 살 딸아이 민이가 갑작스런 병으로 세상을 떠난 후였다. 어느 날, 상담을 마치고 운동장 벤치에 앉았을 때 겨울나무와 새 그리고 하늘이 처음으로 눈에 들어왔다. 나를 둘러싸고 있던 오랜 침묵이 순식간에 깨진 듯 갑자기 소란스런 풍경이 펼쳐졌다. 그때부터 세상으로 나올 용기가 생겼고, 이듬해 입양을 통해 또 다른 세상을 만났다.

보육시설에서 봉사하다 만난 아이는 보육원의 가장 구석진 침대에 있던 순둥이였다. 아기를 키워본 부모들은 잘 알 것이다. 생후 일 년이 되기까지는 타고난 면역력으로 병원 갈 일이 별로 없다는 것을. 그러나 보육원에서 자라는 아기들은 여러 사람들이 돌보기 때문에 방 안에 늘 감기약 병이 줄줄이 세워져 있다. 어느 날 침대 하나가 비어 있어 어찌된 일인지 물으니 아기가 기관지염으로 입원했다는 것이었다. 내 가슴도 텅 빈 것 같았던 그날, 입원한 아기가 훗날 내 아이가 될 줄 짐작하지 못했다. 너무 순해서 어른들의 손길이 잘 닿지 않았던 아기가, 입양 당시 아무 저항 없이 내 품에 덥석 안겨 집으로 왔던 기억을 돌이켜보면 지금도 가슴 한구석이 뻐근하다.

입양부모라면 누구나 해보는 아찔한 상상이 있다. 자칫 내 아이가 입양되지 않았다면 시설에서 자라 만 18세에 홀로 세상으로 나갔을 거라는 상상 말이다. 입양부모들은 아이를 입양하면서 나와 남의 경계가 허물어지는 이상한 경험을 한다. 그러다 보니 보육시설에 남아 있는, 내 아이일 수도 있었던 다른 아이들을 위해 입양 홍보와 입양 법안 운동에 뛰어들기도 하고, 내 아이의 생모를 생각하는 마음이 미혼모들에 대한 각별한 관심으로 확장되기도 한다. 어른의 따뜻한 손길을 받지 못한 채 자라는 아이가 더 이상 생기지 않기를 바라며 이 책을 썼다.

2020년 10월, 중고물품 거래 사이트에 신생아를 입양시키겠다며 글을 올린 20대 산모가 경찰조사를 받았다. 그는 출산 후 입양기관과 상담하던 중 입양 절차가 까다롭고 오래 걸려 홧김에 이런 글을 올리게 됐다고 경찰에 진술했다. 이후에도 부모에 의한 아동방임, 학대, 사망 사건이 연이어 보도되었고, 우리 사회가 아동복지를 바라보는 철학이 부재한 것은 물론 예산과 인력 면에서도 총체적 난국임이 드러났다. 저출생 대책을 세우느라 급급한 이면에 이미 태어난 아이들이 처한 사각지대에 대해서는 무관심과 무지로 일관하고 있었다.

2019년 보호대상아동이 발생하는 원인 중 가장 큰 비중을 차지하는 것이 아동학대(36.7%)다. 이 아이들은 아동양육시설, 그룹홈, 또는 위탁가정으로 배치되어 보호를 받는다. 아동학대 사건이 일어나면 전국적으로 많은 이들이 한목소리를 내지만 이상하게도 이후의 대책에 대해서는 깊은 고민이 없다. 성토와 비난은 무성한데 그 후 아이들의 일상에 대해서는 무관심한 것이다. 2020년 10월의 '정인이 사건'이 그랬다. 가해자가 입양부모라는 사실이 부각되면서 입양제도에 대한 신랄한 비판이 쏟아진 것과는 대조적으로, 아동학대를 다루는 공적 시스템에 대한 분석은 없었다. 이후 입양이 위축된 것은 정해진 수순이었다.

어떤 곳이든 아동학대는 일어난다. 실제로는 생부모에 의한 학대가 가장 많이 일어나지만, 언론에 부각되는 것은 계부모나 입양부모의 경우다. 이 때문에 전수조사 등으로 많은 입양가정이 고통을 받고 입양문화가 위축되어 결과적으로 더 많은 아이들이 보금자리를 찾지 못하는 상황에 놓이게 된다. 입양가정뿐만 아니라 미혼부모나 한부모가정 등 이른바 '정상가족'에 속하지 않거나 남다른 가정 형태가 부각될 때 희생되는 이가 누구인지 들여다봐야 한다.

우리 사회가 '출생'에 방점을 찍고 '뿌리'에 집착하는 한 아동복지의 척박한 현실은 달라지지 않을 것이다. 2019년 말 기준으로 281개 아동양육시설에서 11,665명의 아동을 보호하고 있으며, 같은 해 발생한 보호대상아동 숫자는 4,047명, 그중 시설보호 비율은 68%(2,733명)에 이른다. 많은 아이들이 가정에서 보호받지 못하는 현실이 명백히 드러난 숫자다.

제도와 정책의 실패를 증명하는 이 숫자의 바탕에는 '피는 물보다 진하다'는 핏줄신화가 깔려 있다. 내가 낳은 아이가 아니면 시선을 두지 않으려는 이들의 의식이 반영된 것이다. '머리 검은 짐승은 거두지 말라'는 옛말이 아직도 우리 사회에서 마치 격언처럼 통하고 있다. 더 이상 이런 말로 상처를 주고받지 않는 사회가 되기를 바란다. 근본을 모른다는 말로 보육시설과 입양가정의 아이들에게 주홍글 씨를 새기는 일이 더 이상 없기를 바라며 새로운 형태의 가 족을 꾸리는 사람들, 새로운 가족을 기다리는 아이들의 모 습을 이 책에 담았다. 어린 생명을 살리기 위해 베이비박 스에 도움을 청한 미혼모, 척박한 아동복지의 현실 속에서 도 피학대아동들을 보호하는 그룹홈 운영자, 부모 손을 벗 어난 아이들을 돌보는 위탁모, 보육원을 퇴소한 청년들, 해 외입양인들과 국내 입양가족의 이야기를 들으며 희망을 확인했다. 또 수많은 입양부모들이 시설을 퇴소한 청년들, 보육원에서 자라는 아이들, 그리고 미혼부모들을 위해 애 쓰고 있는 모습을 보았다.

2021년 7월 현재, 입양 정책에 급격한 변화가 일어나고 있다. 정부는 생부모의 초기상담에서 민간기관을 배제하 고 지방자치단체가 대신하게 하는 등 기습적인 국가 직영 화의 신호탄을 쏘았다. 한편 익명출산의 길을 열어주는 '보 호출산제' 국회 발의안에 대해 일부 시민단체들이 반대하 면서 위기아동을 보호하는 데 적신호가 켜지고 있다. 정책 담당자도 시민단체도 진정 아동을 위하는 정책이 무엇인지 열린 시각으로 다시 한번 고민하기 바란다. 정책의 방향이 잘못될 때 그 피해는 가장 먼저 어린 생명들에게 돌아가기 때문이다.

책이 나오기까지 많은 이들의 응원이 있었다. 입양 너머 더 큰 세상 이야기를 쓰라며 방향을 안내해준 민들레출판사의 모든 분들께 고개 숙여 감사를 전한다. 연로하신 나의 어머니 한정희 님의 놀라운 협조에 감사드린다. 때로 얼키고설킨 원고의 첫 독자로 "이 대목은 덜어내라", "이 부분은 무슨 말인지 모르겠다" 하며 채찍질을 하신 어머니는 가장 냉철한 조력자였다.

마지막으로, 사춘기에 접어든 아들 해민에게 고맙다는 말로는 부족한 어미의 심정을 전한다. 글쓰기에 지친 엄마가 음식물 쓰레기를 버려달라 하면 "애 좀 곱게 키우라"고 투덜대면서도 버리고 오는 아들, 분리불안을 이겨내기 위해 홀로 제주여행을 감행했던 아들, 실력 있는 헤어 디자이너를 꿈꾸며 엄마 머리까지 펌을 해주는, 내 삶의 빛나는 별인 해민에게 가장 큰 고마움을 전한다.

2021년 7월

정은주

차례

머리말   4

일러두기   14

1장   베이비박스의 명암

베이비박스를 찾는 이들   18

베이비박스 아기들은 어디로 갈까?   24

베이비박스를 둘러싼 논쟁   31

2장   보육원에서 자라는 아이들

고아원, 보육원   40

보육원에서 살아간다는 것   42

보육원 아이들에게 입양이란   47

'보육원 폐쇄'를 주장하기 전에   52

3장 가정을 닮은 시설, 그룹홈

왜 그룹홈인가　　　　　　　　　　　　60

그룹홈에서 자라는 아이들　　　　　　　63

원가정 복귀와 아동 최선의 이익　　　　66

보람만큼 큰 어려움　　　　　　　　　　72

4장 보육시설을 나온 청년들

비빌 언덕이 없다는 것　　　　　　　　　80

보호종료아동들이 들려주는 이야기　　　85

울타리를 만드는 사람들　　　　　　　　90

절실한 대책들, 그러나　　　　　　　　　93

5장 또 하나의 보금자리, 위탁가정

위탁양육의 유형　　　　　　　　　　　100

위기에 처한 아동을 보듬는 사람들　　　101

이별이 예정된 만남이라면　　　　　　　107

생부모의 권리를 어디까지 인정할 것인가　111

6장 '입양'으로 맺어진 새로운 가족

입양, 새로운 관계 맺음 120

입양에 관한 우리의 편견 126

모든 사람은 원리적으로 입양인이다 131

입양은 원초적 상처가 아니다 136

7장 뿌리 내리는 곳에 내가 존재한다

입양가족 이야기 142

입양특례법을 바라보는 두 가지 관점 150

해외입양을 바라보는 두 가지 시선 158

해외입양인들의 목소리를 듣다 163

뿌리 없는 사람은 없다 170

8장 혈연중심주의 다시 보기

아이에게 '엄마'라는 말이 갖는 의미 178

'정상가족' 신화를 넘어 182

모성 다시 보기 189

한 아이의 세상이 바뀌면 194

가족을 만드는 건 함께한 시간이다 198

후주 202

부록

가정위탁제도에 참여하려면 206

입양 정보를 얻을 수 있는 단체 208

함께 나누면 좋은 책과 영화 211

이 책을 후원해주신 분들 214

용어 사용에 대한 제언

입양과 관련된 용어들이 부적절하여 오해를 낳는 경우가 적지 않다. 우리 사회의 인식 변화를 위해 이 책에서는 다음과 같은 용어들에 대해 특별히 주의를 기울였음을 밝힌다.

친부모·양부모→ 생부모·입양부모

보통 낳은 부모에 대해서는 '친부모'라 하고 입양부모는 '양부모'라 칭하는 일이 많다. 그러나 법률용어사전은 친족 관계가 출생, 혼인, 입양 등으로 발생한다고 말한다. 이 정의에 따른다면 입양부모도 '친부모'에 해당된다. 누가 친부모인가, 또는 누구에게 친권이 있는가에 대한 논쟁보다는 양부모 대신 **입양부모**라 하고, 낳은 부모는 **생부모**라고 부르는 것이 좋겠다.

버려지다·주워오다 → 의뢰하다·입양하다

'버려진 아이'라는 말 역시 흔하게 쓰인다. 어감만으로도 쓰기를 망설일 법한데 이에 대한 경각심이 우리 사회에는 거의 없다. 자생력 없는 어린아이를 '버렸다'고 표현할 때 생명의 존엄성은 땅에 떨어진다. 생부모가 버릴 수 있는 것은 양육할 권리이지 한 아이의 생명이 아니다. **양육을 포기했다, 시설에 맡겼다, 입양기관에 의뢰했다, 베이비박스에 들어왔다** 같은 사실적 표현으로 대체함으로써 입양아동과 시설보호아동의 인권을 지킬 수 있다.

뿌리 찾기 → 생부모 찾기

'뿌리 찾기'라는 말이 공식 용어로 굳어졌지만, 이 표현에 대한 신중한 해석이 필요하다. 예로부터 '근본 없다'는 말은 모욕적인 표현으로, 제대로 배우지 못하고 출신이 불분명하다는 비난의 의미로 쓰였다. 따라서 '뿌리 찾기'라는 말은 생부모와 연결되지 않은 이들을 '뿌리(근본) 없는 존재'라고 말하는 것과 같다. 뿌리 없는 어떤 생명도 건강하게 생존하기 어렵다. '뿌리 찾기'는 **'생부모 (또는 낳은 부모) 찾기'** 등의 말로 대체하는 것이 바람직하다.

유기아동

사전적 정의에 따르면 베이비박스에 들어온 아기는 '유기아동'이 아니다. '유기'의 뜻이 '보호받지 못하는 상태에 두는 것'임에 반해, 베이비박스는 보호 기능을 수행하고 있기 때문이다. 유기아동이라는 용어를 무분별하게 쓰지 않도록 주의가 필요하다.
(참고 _ 유기하다: ① 내다 버리다. ②『법률』어떤 사람이 종래의 보호를 거부하여, 그를 보호받지 못하는 상태에 두다. (국립국어원 표준국어대사전))

고아

고아의 한자말은 '외로운 아이'이고, 사전의 뜻풀이는 '부모를 여의거나 부모에게 버림받아 몸 붙일 곳이 없는 아이'를 뜻한다. 즉 부모가 사망하거나 의지할 곳 없는 아이를 말하므로, 현재 부모가 생존해 있는 대부분의 시설아동에게는 걸맞지 않다. 다만 보육원에서 자립한 청년들이 자신들이 세운 단체에 '고아'라는 명칭을 쓰는 것은, 시설 퇴소 청년들이 단체명을 쉽게 검색할 수 있게 하기 위함이라고 한다. '고아'라는 말은 당사자들이 스스로 필요에 의해 사용할 수는 있겠으나 대중적으로 쓸 단어는 아니다.

1장

베이비
박스의
명암

베이비박스를 찾는 이들

'베이비박스'란 아이를 키울 수 없는 부모가 아기를 두고 갈 수 있도록 만든 상자다. 전 세계적으로 18개국 이상의 나라에서 200여 곳이 운영되고 있다. 우리나라에서는 2009년 12월 서울 관악구 주사랑공동체교회가 처음으로 베이비박스를 설치했다. 당시 교회 앞에 유기된 신생아가 저체온증으로 사망할 뻔한 사건이 발생하자, 이후 이 교회의 이종락 목사가 베이비박스를 둔 것이 그 시작이다.

2014년 5월 경기도 군포시에 자리한 새가나안교회에서도 베이비박스를 설치했다. 위기에 처한 아이의 생명을 구한다는 점에서 긍정적으로 보는 시각이 있는 반면, 아기를 유기할 가능성을 높인다는 시각도 있어 찬반 논란이 이어졌다. 그러나 우리나라 베이비박스의 경우 다른 나라와 뚜렷한 차이점이 있다. 바로 상담과 양육후원 사업을 병행한다는 것이다.

베이비박스에 아기를 눕히면 교회 안에 벨이 울리고, 한 봉사자가 아기를 챙기는 동안 다른 봉사자는 밖으로 뛰어나가 아기를 두고 간 이를 찾는다. 주사랑공동체는 베이비박스를 찾아온 친생부모 중 98%(2020년 5월 기준)를 만나 상담하고 설득하여, 원가정에서 아기를 키울 수 있도록 지원한다. 2012년 이후 베이비박스에는 상담 후 원가정으로 복귀한 아동의 숫자가 지속적으로 증가하여 2017년 이후 연간 30명 이상으로 유지되고 있다. (그림1)

베이비박스를 운영하는 이종락 목사가 들려준 이야기 중 잊을 수 없는 일화가 있다. 어린 미혼모가 출산이 임박하자 아기가 태어나면 바로 땅에 묻어버릴 결심을 했다. 산에서 구덩이를 파고 홀로 소리를 죽여가며 아이를 낳았지만, 아기 울음소리를 듣고는 차마 파묻을 수가 없었다고 한다. 그는 흙이 묻은 아기를 교복에 감싸 안고 베이비박스를 찾아왔다. 태반과 탯줄도 떼지 않은 아기를 안고 맨

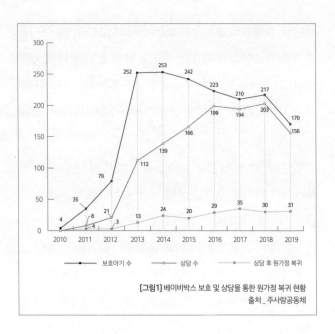

[그림1] 베이비박스 보호 및 상담을 통한 원가정 복귀 현황
출처 _ 주사랑공동체

발로 서 있는 소녀를 보고 이 목사는 함께 울었다. 베이비박스를 찾는 대부분의 미혼모는 이처럼 절박한 사연을 안고 난곡동 언덕길로 힘겨운 발걸음을 옮긴다.

미혼모 당사자의 목소리를 듣기 위해 이지영(가명, 32세) 씨를 주사랑공동체에서 만났다. 지영 씨는 직장에서 만난 자상한 남자에게 끌려 함께 살게 되었으나 아이를 낳은 지 한 달 후 남자는 전세금을 빼서 사라졌고, 이때부터 지영 씨는 생존을 위한 혹독한 싸움을 시작했다.

신용불량자가 된 지영 씨는 절박한 마음으로 미혼모 단체의 문을 두드렸다. 그러나 주거가 불안정하고 한부모 증명과 수급자 지정도 받지 못한 지영 씨를 행정절차가 가로막았다. 결국 일회성 지원금 외에 제대로 된 도움을 받지 못한 채 몇 달이 지났고, 수급자로 지정되었을 즈음 어린 시절 헤어진 어머니가 갑자기 나타나 함께 살자고 했다. 정이 그리웠던 지영 씨는 선뜻 어머니의 뜻을 받아들였지만, 점점 심해지는 어머니의 금전적 요구와 모진 언행은 큰 상처가 되어 지영 씨를 나락에 빠뜨렸다.

　만취한 어머니의 심한 주사로 한바탕 소동이 일어 경찰이 출동했던 날, 우울증 약을 복용하며 버텨왔던 지영 씨는 밤을 꼬박 새웠다. 다음 날 아기 예방접종을 하러 병원으로 향하다 길가의 철물점이 눈에 들어왔다. '저기서 장도리를 하나 사서 엄마를 죽이고 나도 죽을까?' 이런 생각이 들자 심장이 떨리기 시작했다. 가까스로 예방접종을 마친 지영 씨는 병원 안에 있는 정신과로 향했다. "집에 들어가면 엄마를 죽일 것 같으니 약을 좀 달라"고 말한 뒤 정신을 잃고 쓰러졌다. 이날 이후 지영 씨는 살아갈 의지를 잃었다.

　며칠 후 한 교회에서 지영 씨는 우연히 미혼부 모임의 대표 김지환 씨를 만났다. 김지환 씨는 과거에 미혼부라는 이유로 아이의 출생신고조차 할 수 없었다고 한다. 당시 아이의 의료보험이 안 되는 데다 일자리까지 잃게 된 지환 씨는 죽기로 결심하고 마지막으로 베이비박스에 전화를 걸었는데, 이종락 목사의 도움으로 마침내 출생신고를 할 수 있었고 지금은 미혼부 모임도 이끌고 있다고 했다. 그가 지영 씨에게 베이비박스로부터 실질적인 도움을 받을 수 있을 거라고 알려주었다.

지영 씨가 베이비박스 측에 절박한 상황을 설명하자, 자리 잡을 때까지 후원하겠다는 답변이 돌아왔다. 직접 찾아가지 않았고 기본적인 서류만 제출했는데도 베이비박스는 지금까지 베이비 케어 키트*를 지영 씨에게 지속적으로 보내주고 있다. 베이비박스 양승원 국장에 의하면, 베이비 케어 키트는 경제적 여건으로 영아 보육이 힘들다고 판단될 때 지원한다. 경제 상황을 증빙하는 간단한 서류심사를 바탕으로 하지만, 기본적으로는 신청인의 진술을 신뢰한다고 했다. 지영 씨가 더 이상 버틸 수 없다고 생각했을 때 즉시 손 내밀어 준 곳은 베이비박스가 유일했다. 지영 씨

● 기본적으로 분유, 기저귀, 물티슈, 아기옷을 제공하고 필요에 따라 아기 목욕용품, 약품, 책, 이유식, 쌀 등이 포함된다.

는 이렇게 덧붙였다.

"정부가 미혼모 지원을 많이 한다고 홍보하지만, 실제로 정부나 미혼모 지원 단체의 도움을 받으려면 제출해야 하는 증명서가 너무 많아요. 생부와의 관계, 원가정의 도움 여부, 경제 상황 등을 법원에 제출하듯이 자세히 증빙해야 하고, 물품 구입 영수증도 다 보내야 해요. 미혼모 단체의 경우 매달 회비를 내야 할 뿐 아니라 물품 지원도 추첨이나 선착순인 경우가 많아요. 지적 장애가 있거나 신청에 서툰 사람은 혜택을 받기가 정말 어려울 거예요. 반면에 어떤 아기든 다 받아주는 곳이 베이비박스죠. '버려진 아기'라는 말은 맞지 않아요. 나 자신은 몰라도 아기는 살려야겠다는 생각에 찾는 곳이거든요. 주민센터든 지원 단체든 오후 6시면 문을 닫잖아요. 어디에도 기댈 수 없을 때 24시간 119처럼 도움을 준 곳이 베이비박스였어요."

베이비박스의 운영지침은 힘든 상황에 처한 사람을 신속히 지원하여 복지의 사각지대에 있는 이들이 안정을 찾도록 돕는 것이다. 해외의 베이비박스는 일시보호 기능밖에 하지 않지만 우리나라는 양육을 권장하고 실제 도움을 주는 역할까지 한다. 베이비박스 운영자는 이렇게 제안한다. '버려졌다'거나 '유기됐다'는 말을 듣고 자란 아이는 큰 상처를 받게 되니 '보호된' 아이로 바꿔 쓰자고. 연예인 신애라 씨가 입양아를 '지켜진 아이'라고 표현하는 것과 같은 맥락이다.

베이비박스 아기들은 어디로 갈까?

김지환 씨나 이지영 씨처럼 아기를 키우려 애쓰다가 베이비박스를 찾는 이들도 있지만, 출생신고가 두려워서 신분을 밝히지 않고 아이를 맡기는 이들이 다수다. 출생신고가 되어 있지 않은 탓에 대부분의 베이비박스 아기들은 입양의 기회가 원천적으로 막혀 있다. 2014년~2018년까지 5년간 서울의 베이비박스에 들어온 아동은 962명으로, 이중 748명(78%)은 시설로 옮겨갔다. 이들 중 대부분은 만 18세까지 시설에서 지내다가 이후엔 사회로 나가 홀로서기를 해야 한다. 베이비박스 아기들이 가정을 가질 기회를 국가가 방임하고 있는 것이다.

2015년, 한 가지 주목할 만한 상황이 일어났다. 군포 새가나안교회에서는 베이비박스에 들어온 아기들을 희망하는 교인들이 조를 짜서 돌봐왔는데, 2015년 봄 베이비박스

연도	2010	2011	2012	2013	2014	2015	2016	2017	2018	2019	2020	2021
주사랑 공동체	4	35	79	252	253	242	223	210	217	170	137	57
새가나안 교회	–	–	–	–	28	36	29	13	10	8	9	2

[표1] 연도별 베이비박스 보호아기 현황 (2021. 05. 12 기준)
출처_주사랑공동체, 새가나안교회

가정보호조치			시설보호조치				계
입양	가정위탁	소계	공동생활 가정	아동양육 시설	기타	소계	
20 (2.1)	13 (1.3)	33 (3.4)	15 (1.6)	907 (94.3)	7 (0.7)	929 (96.6)	962 (100)

[표2] 2014년~2018년 베이비박스 보호 아동 최초 보호조치 현황 (단위: 명, 괄호 %)
출처 _ <보호아동 가정보호 실태>, 감사원, 2019. 11

가정보호조치			시설보호조치				사망	원가정 복귀	계
입양	가정위탁	소계	공동생활 가정	아동양육 시설	기타	소계			
111 (12.0)	17 (1.8)	128 (13.8)	13 (1.4)	725 (78.0)	10 (1.1)	748 (80.5)	6 (0.6)	47 (5.1)	929 (100)

[표3] 시설로 보호조치된 베이비박스 보호 아동 2019년 보호 현황 (단위: 명, 괄호 %)
출처 _ <보호아동 가정보호 실태>, 감사원, 2019. 11

에 8명의 아기가 들어왔다. 원래 절차대로라면 경찰 접수 후 아기들은 일시보호소로 가야 했다. 그러나 당시 메르스 사태로 일시보호소로 들어가는 것이 어려워지자 교인들이 임시로 아기를 한 명씩 가정으로 데려가 돌보게 되었다. 예상치 못했던 일은, 그들 중 아기를 계속 키우겠다는 이들이 늘어났다는 사실이다.

그중 한 명인 김옥녀(52세) 씨를 만났다. 옥녀 씨가 데려온 아기는 너무 예민해서 밤새 울며 토하기를 반복했고 아침이면 엄청난 빨래가 쌓이곤 했다. 새벽에 소파에서 아기를 안고 재우던 순간, 여리고 작은 생명이 세상에 혼자 던져진 사실에 너무도 가슴이 아파왔다고 한다. 옥녀 씨는 아기를 안고 기도했다. '주님, 제가 이 아기를 키우기 원하시면 우리 가족이 한마음이 되게 해주세요. 가족이 동의하지 않으면 아기를 키울 수 없어요.' 며칠 후 다른 교인이 대신 아기를 봐주던 날, 옥녀 씨는 가족들에게 조심스레 입양 얘기를 꺼냈다. 중고생 자녀들은 선뜻 동의했고, 남편은 "반대하진 않지만 많이 도울 수는 없다"고 답했다. 아기 물품을 사러 가며 옥녀 씨는 마치 발이 붕붕 뜨는 듯이 기뻤다고 한다.

한 달간 옥녀 씨 가정에서 돌봄을 받은 아기는 일단 일시보호소에 머물러야 했다. 옥녀 씨 가족이 하루라도 빨리 아기를 데려오려고 알아본 결과, 입양까지는 높은 장벽이 있었다. 먼저 아기가 성본 창설°이 되기까지 석 달을 기다린 후에야 집으로 데려와 위탁할 수 있었다. 옥녀 씨 가족은 입양을 위해 수차례 관련 기관의 문을 두드렸지만 무연고 아동이라는 이유로 번번이 좌절했다. 입양을 위해서는 먼저 아기의 법적 후견인이 있어야 하기 때문이다. 아기가 생후 3년°°이 되자 한 어린이재단에서 후견인 지정을 돕겠다고 했다. 일 년 가까이 걸려 겨우 후견인이 정해졌다. 이후 입양기관들도 전례가 없다는 이유로 쉽게 문을 열지 않았지만, 한 기관에서 진행을 도와줘 2020년 초에 비로소 입양이 완료되었다. 입양에 이르기까지 5년이란 시간과 많은 노력이 필요했던 것이다. 우리 사회가 베이비박스 아동에 대한 관심과 대책이 거의 없음을 적나라하게 보여준 과정이었다.

김옥녀 씨가 길고 힘든 시간을 겪은 반면, 비교적 순탄

● 출생신고가 되어 있지 않고, 생부모를 알 수 없어 가족관계등록부(호적)가 없는 사람이 새로이 성과 본을 정하는 것.

●● 민법 제867조 1항에 따르면 "부모가 3년 이상 자녀에 대한 부양 의무를 이행하지 아니한 경우" 위탁한 보호아동에 대해 법적 입양 근거가 마련된다.

하게 베이비박스 아기를 입양한 경우도 있다. 일반적으로 아이가 시설로 들어가면 특별한 경우가 아닌 한 입양의 기회를 만나기 어렵다. 그러나 시설장이 입양에 우호적인 태도를 가졌다면 얘기가 달라진다. 김세진(40세) 씨의 사례가 그렇다.

세진 씨는 첫딸을 낳은 후 세 명의 베이비박스 아기를 자녀로 받아들여 현재 2남 2녀를 키우고 있다. 두 명은 입양 절차가 끝났고 막내는 위탁 중이다. 그는 베이비박스 아기들이 출생등록조차 할 수 없는 위기아동임을 알고 이들을 입양하기로 결심했다. 주언(6세)은 2015년 12월 새가나안교회의 베이비박스에 들어와서 일시보호소를 거쳐 보육시설에 머물고 있었다. 시설에서 성본 창설과 후견인 지정을 마친 상태가 되었기에 절차상 특별히 어려운 일 없이 2016년 10월 세진 씨 가정으로 입양이 되었다.

두 번째로 입양한 주혜(8세)는 인터넷 입양 커뮤니티에 올라온 동영상에서 처음 보았다. 세진 씨는 다른 아이의 입양을 축하하는 자리에서 울고 있던 주혜의 모습을 잊을 수 없어 입양을 결심했다. 그러나 주언이의 입양 사후관리 기간이라 바로 입양을 진행할 수 없었다. 일 년여 시간이 흐른 2018년, 당시 여섯 살이던 주혜를 입양했다. 주혜는 주사랑공동체교회의 베이비박스를 거쳐 서울의 보육시설에서 세진 씨 가정으로 입양되었다.

세진 씨가 군포 베이비박스에 들렀을 때 목사는 간곡히 말했다. "베이비박스 아이들이 가정에서 컸으면 좋겠습니다. 당장 입양하지 않더라도 위탁하는 방법도 있습니다." 이 말을 듣고 어린이재단에 위탁 신청을 했고, 군포 베이비박스를 거쳐 일시보호소에 있던 주성이가 연결되었다. 막내 주성이는 생후 6개월이던 2019년 7월, 세진 씨의 가정으로 왔고 현재 세진 씨는 주성이의 입양을 위해 후견인 지정을 준비하고 있다. 세진 씨는 베이비박스에 대한 깊은 이해가 담긴 말을 들려주었다.

"저희 아이들은 베이비박스에 들어올 때 생일이 다 적혀 있었어요. 아이에게 입양 얘기를 솔직하게 해주고 있죠. 베이비박스는 너희를 그냥 놓고 가는 곳이 아니라 아직 충분히 준비가 안 된 엄마가 아기를 살리고 싶어 두고 가는 곳이라고요. 네가 온 곳이고 네가 알아야 할 곳이라 얘기해줘요. 저희 아이들은 인형놀이할 때도 "얘는 중국 베이비박스에서 왔어", "일본 베이비박스에서 왔어" 이렇게 말하며 놀아요.

아이들과 함께 서울과 군포 베이비박스를 다 찾아갔었

어요. 주혜는 베이비박스를 들여다보고 만지기도 하면서 신기해했죠. 베이비박스라 해서 얘기해줄 게 없는 게 아니에요. 엄마가 남긴 쪽지라든지 처음 불린 이름, 생년월일과 몸무게, 처음에 입고 있던 옷 사진 등을 본 아이는 궁금한 게 해소되어 후련해하거든요. 나중에 커서 생부모를 찾기 원하면 과거를 같이 찾아볼 거예요. 여덟 살인데 이 정도로 후련해하는 걸 보면 커서도 해소될 부분이 있다고 생각해요. "아기를 낳으면 몸이 많이 아픈데, 한참 걸어서 올라가야 베이비박스가 있거든. 생모가 너를 지키기 위해 간 곳이야"라고 아이에게 말해주죠."

그는 베이비박스를 없애야 한다는 일부 여론에 대해 이렇게 말했다. "베이비박스는 아기를 살리는 곳이에요. 우리 집 아기들은 다 겨울생인데 베이비박스가 없었으면 어떻게 됐을까 생각할 때마다 눈물이 나요."

입양부모들은 더 많은 베이비박스 아기들이 시설이 아닌 가정으로 갈 수 있도록 국가정책이 유연하게 실행되기를 바라고 있다. 이를 위해 '전국입양가족연대'*는 집중적

---

* 2018년 1월 남인순 의원 '입양특례법 전부개정안' 발의 저지를 계기로 입양부모들이 중심이 되어 만든 단체. 대언론 사업, 입양정책 및 법안 관련 사업, 입양가족의 권익 향상을 위한 활동을 활발히 하고 있다.

인 노력을 기울여왔다. 시설장이 아닌 지방자치단체장이 베이비박스 아기들의 성본 창설을 하도록 하고, 입양대상 아동 확인서가 발급될 때까지 아기들이 가정위탁을 거친 다음 입양기관으로 갈 수 있도록 하자고 목소리를 높였다. 이를 위한 토대로, 교회를 통해 위탁가정을 모집하여 2021년 초까지 100여 가정이 위탁 신청을 마쳤다. 그러나 정작 예산과 인력 확보에 앞장서야 할 서울시는 소극적인 태도로 일관하여 민간의 적극성과 대조를 이루었다. 2021년 7월 19일이 되어서야 서울시장이 베이비박스 아동에 대한 성본 창설 및 일시 가정위탁을 위한 지원 방안 마련에 공감을 표했다. 시민사회가 솔선수범하여 기반을 만들었으니 공적 체제도 이에 뒤처지지 않도록 마땅한 역할을 해야 할 것이다.

베이비박스를 둘러싼 논쟁

2020년 11월 3일, 서울의 베이비박스 근처에 갓난아기를 두고 간 미혼모가 검거되는 사건이 있었다. 아기는 추운 날씨를 견디지 못하고 사망했다. 베이비박스까지 찾아온 생모가 왜 바로 옆의 문을 열지 않고 아기를 방치했을까? 출산 후 막막한 상황에서 산모는 어쩌면 베이비박스 봉사자를 마주치는 일조차 두려웠을지도 모른다. 이 사건을 계기로 정부는 산모가 상담 등을 거쳐 자신의 신원을 노출하지 않고 출생신고를 할 수 있는 보호출산제 시행을 검토하기 시작했다. 그간 시민단체와 베이비박스 등의 노력이 이런 결실을 맺는 단초가 된 것이다.

개정 입양특례법으로 2012년 8월 이후, 생모가 입양을 보내려면 자신의 가족관계등록부에 출생신고를 하는 것이 의무가 되었다. 그러자 출산 기록이 남는 것이 두려운 미혼모들이 베이비박스에 아기를 두고 가는 사례가 급증했고 이에 대한 논쟁도 뜨거워졌다.

베이비박스를 비판하는 쪽에서는 국회 입법조사처의 보고서를 인용해 다음과 같이 말했다. "2013년 이후 대부분의 기아가 베이비박스를 통해 발생한 것으로 나타난다. 이러한 현상은 베이비박스가 논란의 대상이 되면서 인지도가 높아지고, 이에 따라 영아를 안전하게 유기할 수 있는 대안으로 급부상한 결과로 해석하는 것이 타당하다."[01] 이 보고서는 '베이비박스 영아 수 급증을 법률의 부작용으로 지적하는 것은 사실을 과장하는 것'이라고 결론내렸다. 이

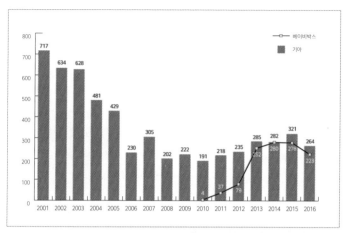

[그림2] 기아 및 베이비박스 아동 수 추이 (단위: 명)
기아의 수는 보건복지부, 요보호아동 현황보고(국가통계포털 다운로드: 2017. 7. 11)
베이비박스 아동 수는 주사랑공동체의 카페 '주사랑공동체의집 자원봉사'
<cafe.daum.net/giveoutlove>의 '기사, 뉴스, 홍보방' 참고

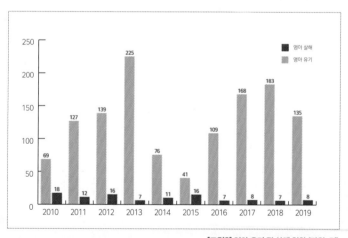

[그림3] 영아 유기 및 살해 현황 (단위: 건)
출처 _ 더불어민주당 백혜련 의원실, 경찰청

러한 주장은 [그림2]의 통계를 바탕으로 한다. 즉 베이비박스가 언론에 부각되었기 때문에 이곳으로 몰렸을 뿐, 전국의 유기아동 수는 큰 변화가 없다는 것이다. 이는 매우 안일한 분석이 아닐 수 없다. [그림3]의 경찰청 영아유기 통계와 같이 베이비박스를 포함하지 않은 자료들도 엄연히 존재하는데 이를 언급하지 않았기 때문이다. 뿐만 아니라 매년 급감하고 있는 출생아 수를 감안할 때, 당해 연도의 만 명당 유기아동 수를 계산하면 2012년 4.9명에서 2018년 9.8명으로 두 배가 늘어났다는 사실을 확인할 수 있다.

베이비박스를 비판하는 측에서는 흩어져 있는 자료를 종합하여 분석하지 않고 보건복지부에서 제공한 단편적 자료만으로 의견을 개진했다. 그러나 공식적으로 밝혀지지 않은 영아 살해와 인터넷의 아기 매매 사례들[02]까지 감안한다면 유기아동 수가 증가했다는 추정이 타당해 보인다. 유기아동 숫자는 출생신고제뿐 아니라 낙태 정책, 입양활성화 정책 등에도 밀접한 영향을 받는다는 것을 간과해서는 안 된다. 다양한 사회적 맥락을 종합하고 분석하는 것이 정책 담당자와 전문가의 몫임에도 현실은 달랐다. 베이비박스에 아기와 함께 놓인 쪽지들을 감안할 때, 이곳으로 몰린 아기들 중 다수가 예전 같으면 입양기관으로 의뢰

되었을 경우라고 추측할 수 있다.

베이비박스를 옹호하는 측에서는 먼저 현장의 목소리에 주목했다. 입양특례법 개정 이후, 출생신고가 어려워 베이비박스에 아기를 두고 간다는 생모들의 쪽지가 이어졌다. 저마다 개인사는 달랐지만 생모들이 남긴 쪽지에는 다음과 같은 전형성이 있었다. "임신 사실을 뒤늦게 알았고, 생부는 연락이 끊겨 혼자 아기를 낳았으며, 출생신고가 두려워 개인 간 불법입양을 알아보다가 아기를 지키기 위해 베이비박스를 찾아왔다." 미혼모라는 사실이 밝혀지면 가족의 도움을 받거나 학교, 직장으로 복귀하는 일은 꿈도 꿀 수 없는 현실이 그대로 드러나 있다.

베이비박스를 운영하는 이종락 목사의 말에 의하면 2017년 1~8월 베이비박스를 찾아 상담받은 생부모 128명 중 92명(72%)이 이곳에 온 주된 이유로 '출생신고의 어려움'을 꼽았다고 한다. 이목사는 현장 실정을 잘 모르는 이들이 통계가 없다며 '영아 유기·살해가 늘지 않았다'고 판단해선 안 된다고 강조한다.

베이비박스는 우리나라를 포함한 독일, 미국, 체코, 폴란드 등 약 20개국에서 운영되고 있다. 특기할 만한 사실은 미혼모에 대한 편견이 적고 미혼모 지원 정책이나 복지

제도가 잘 갖춰진 나라에서도 일정 비율 아동유기가 일어난다는 점이다. 프랑스는 베이비박스를 금지하지만 국가가 공식적으로 익명 출산의 기회를 제공하고, 독일은 베이비박스를 허용하면서도 익명 출산의 기회를 제공해 사실상 베이비박스의 이용을 줄이고자 한다. 일본은 익명 출산의 필요성을 인정하여 베이비박스를 묵인하는 입장이고, 미국은 베이비박스의 설치 근거 및 요건 등에 관한 법률을 제정하는 등 베이비박스 제도를 합법화했다.[03]

이런 나라들에서도 베이비박스에 관한 논쟁은 지속된다. 생모가 신상을 밝히지 않고 아기를 출산하고자 하는 권리와, 이렇게 태어난 아이가 훗날 자신의 출생에 대해 알고자 하는 권리가 충돌한다는 것이다. 그러나 유럽인권법원은 프랑스의 익명출산제가 유럽인권협약을 위반하지 않는다는 결론을 내렸다. 이에 대해 한 전문가는 '뿌리를 알 권리는 익명 출산으로 안전하고 건강하게 출생할 수 있는 생명권이 전제되어야만 가능하다'고 강조했다.[04]

베이비박스는 숱한 논란 속에서도 각성을 촉구하는 사건들을 통해 한국 사회에 질문을 던졌다. 2017년 군포의 베이비박스에 아기를 두고 갔던 생모가 전화를 걸었다가 경찰에 발각된 일이 있었다. 어쩔 수 없이 아기를 데려가 키우던 그는 생후 8개월 무렵 아기를 살해했다. 이 사건은 베이비박스에 아기를 맡기는 행위를 무조건 처벌하거나, 생모가 키우도록 강요하는 것이 해답이 아님을 말해준다. 미혼모에 대한 다각도의 섬세한 지원이 선행되어야 함은 당연한 상식이다.

열악한 상황에 놓인 미혼부모가 복잡한 행정절차를 밟아가며 스스로 지원 수단을 찾아내기는 너무나 어렵다. 위급한 이들에게 긴급지원의 손길을 내미는 베이비박스의 방식을 벤치마킹하여, 먼저 지원하고 차후에 행정처리하는 방향으로 나아가야 한다. 보호출산제가 시행되면 당연히 베이비박스의 역할은 축소될 것이다. 그럼에도 예기치 않은 임신과 출산으로 공공시스템에 닿지 못하는 생부모가 있다면 베이비박스가 최후의 보루가 될 수 있다. 어떤 경우에도 생명이 스러지지 않도록 베이비박스가 제 역할을 하다 자연스레 역사의 뒤안길로 사라질 수 있게 해야 한다. 무조건 폐쇄하는 것은 해법이 아니다.

2장

보육원에서
자라는
아이들

고아원, 보육원

'고아'라는 말은 시대의 흐름에 따라 복잡한 의미를 지닌다. 원래 부모를 잃고 의지할 곳 없는 미성년자를 일컫는 말이었지만, 사회적 차별을 불러일으키는 언어를 지양하는 추세에 따라 거의 쓰지 않게 되면서 '고아원'이라는 명칭도 '보육원'으로 바뀌었다.

우리나라에서 현대적 의미의 고아원은 조선 말인 1888년, 천주교 선교사가 설립한 시설이 시초다. 이후 고아원은 꾸준히 늘어 1945년 해방 당시에는 전국에 42개(보호아동 1,819명)였는데, 한국전쟁이 끝난 1955년에는 484개(보호

구분	보호대상 아동 발생 수	보호대상아동 발생 원인							
		유기	미혼 부모, 혼외자	미아	가출, 부랑	학대	부모 빈곤, 실직	부모 사망, 부모 질병	부모 이혼
2009	9,028	222	3,070	35	707	1,051	710	990	2,240
2010	8,590	191	2,804	210	772	1,037	586	975	2,015
2011	7,483	218	2,515	81	741	1,125	418	690	1,695
2012	6,926	235	1,989	50	708	1,122	448	699	1,675
2013	6,020	285	1,534	21	512	1,117	338	678	1,535
2014	4,994	282	1,226	13	508	1,105	308	515	1,037
2015	4,503	321	930	26	360	1,094	279	423	1,070
2016	4,592	264	856	10	314	1,540	290	412	906
2017	4,121	261	850	12	229	1,437	216	362	754
2018	3,918	320	623	18	231	1,415	198	376	737
2019	4,047	237	464	8	473	1,484	265	380	736

[표4] 지난 10년간 보호대상아동 발생 현황
출처 _ 〈보호대상아동 발생 및 보호조치 현황〉, 보건복지부

아동 50,741명)로 급증했다. 2019년 말 기준으로 281개 아동 양육시설에서 11,665명의 아동을 보호하고 있으며, 매년 4천여 명의 아이들이 부모의 손길에서 벗어나고 있다. [05]

2019년 3분기 출산율이 0.88명임에도 보호대상아동이 여전히 많이 발생하고 있는 이유는 무엇일까? 세계 최고 수준의 저출생 국가에 진입했지만, 이미 세상에 태어난 아이들의 인권은 낮은 수준에 머무르고 있다. 아동학대에 대한 사회적 인식과 민감성이 예전보다 높아졌다 해도 부모의 친권은 여전히 강고하고, 아동복지 안전망은 극히 부실

하다. 2019년 보호대상아동(4,047명)의 발생 원인 중 가장 큰 비중을 차지하는 것이 아동학대(36.7%)이며, 다음이 부모의 이혼(18.2%), 그리고 미혼부모 및 혼외자(11.5%) 순이다(표4). 예전과 달리 현재 보육원에서 생활하는 아이들 대부분은 서류상 부모가 존재한다.

보육원에서 살아간다는 것

김은지(34세) 씨는 올해로 보육원에서 지낸 시간과 자립하여 산 시간이 같아졌다. 현재 대안학교 교사로 살아가는 그에게 보육원으로 들어가게 된 사연을 들었다. 두 돌 무렵 오토바이 사고로 아빠가 세상을 떠난 후 엄마는 어린 딸을 키우며 돌봄 노동과 생계를 홀로 책임져야 했다. 은지 씨가 여섯 살 되던 해 엄마는 재혼을 했고 새아빠에게 은지 씨는 마음을 열 수 없었다. 이후 은지 씨에게 돌아온 것은 새아빠의 폭력이었고 더 이상 엄마와도 살 수 없게 되었다. 여섯 살 때 보육원에 들어온 은지 씨는 모든 것이 낯설었지만, 더 이상 새아빠와 함께 살지 않아도 된다는 사실에 안도했다.

은지 씨가 14년간 살았던 보육원은 40명 정도의 아이들이 함께 지낸 곳이었다. 은지 씨에게 보육원 생활 중 가장 힘들었던 일을 묻자 제일 먼저 음식에 관한 기억을 말했다. 당시 대부분의 시설과 마찬가지로 그가 있던 보육원도 규제가 심해서 음식을 무조건 남기지 않고 먹는 것이 규칙이었다. 편식은 안 된다는 이유로 먹지 못하는 음식도 씹어 삼켜야 했고, 억지로 욱여넣은 뒤 한바탕 토해내고 나면 더이상 먹지 않아도 되는 특권이 주어지기도 했다.

　은지 씨가 자립한 후 애착을 갖는 살림살이는 '그릇과 유리컵'이다. 10년 넘게 스테인리스 식판을 쓰면서도 별 생각이 없었는데, 어린 시절 유독 친구 집에 가기를 좋아했던 이유를 훗날 알게 되었다. 친구 어머니가 차려주신 밥상엔 밥그릇에 밥을 담고 국그릇에는 국을 담은 은지 씨만의 자리가 있었다. 은지 씨에게 개인 밥그릇과 국그릇은 평범한 일상이면서도 누릴 수 없는 특권이었다. 유리컵 역시 그랬다. 보육원에서는 튼튼한 스테인리스 컵을 공용으로 사용했는데, 어쩐지 물에서 쇠 맛이 나는 것 같고 이에 부딪힐 때 금속 소리가 나는 게 싫었다. 그의 스무 살 꿈은 투명한 유리컵에 시원한 우유 한잔 따라서 마시는 것이었다. 친구 집이 아닌 자신의 집에서.[06]

은지 씨가 부러워했던 평범한 일상은 다른 이들의 보육원 회고담에서도 핵심 서사를 이룬다. '보호종료아동을 위한 커뮤니티케어센터'에서 펴낸 책 『세상에서 지켜진 아이들』에 등장하는 시설 퇴소 청년들은 보육원 시절을 말할 때 '어른'과 '공간'의 결핍을 거듭 강조했다.

친해질 만하면 생활지도원 선생님이 예고도 없이 그만두거나 반을 옮기는 일이 잦았다. 아이들 입장에서는 자꾸 선생님이 바뀌니 나중엔 마음을 닫는 쪽을 택하곤 했다. 한 아이는 몸을 다쳐 수술을 했을 때 당일에만 선생님이 오시고 이후에는 병실에 혼자 있게 되었다. 병실 사람들이 '부모님은 안 오시냐'고 물어보면 일하신다고 거짓말을 하는 것이 수술 자체보다 더 힘들었다고 했다.

자신만의 공간이 없었던 현실도 힘들었다. 열 명이 넘는 아이들이 같은 방에서 지냈다. 혼자 있고 싶을 때 텔레비전 소리, 전화 소리를 들어야 했고 잠자고 싶을 때도 불이 켜져 있곤 했다. 한 방에 너무 많은 아이들이 있다 보니 규칙이 많아 통제가 우선시되었다. 비 오는 날에 학교로 우산을 갖고 오는 친구 엄마를 봐도 가슴이 아팠고, 평범한 친구들이 집에 대해 불평하는 것마저 부러웠다. 후원자의 집에 가정 체험을 하러 갔을 때 그 집 가족들과 등산을 하고 함께 밥 먹었던 기억을 잊지 못한다. 많은 아이들 중 하나가 아닌, 오롯이 자기 자신으로 사랑받았던 시간이었기 때문이다.

보육원 아이들에게 '나만 바라봐주는 양육자'의 부재가 가장 큰 아픔이었다면, 시설에서 근무하는 교사들에게는 어떤 어려움이 있을까? 보육원에서 생활지도원으로 일했던 장재순(54세) 씨의 이야기를 들어보았다.

그는 서울에 있는 보육시설에서 2016년부터 4년간 생활지도원으로 근무했다. 아이들은 신생아부터 고등학생까지 58명 정도였고 선생님들은 24시간씩 교대근무를 했다. 재순 씨는 5세 아동 3명과 초등생 5명을 함께 돌봤는데 나이대가 다른 아이들 8명을 혼자 돌보는 일은 고강도의 노동이었다. 아침에 일어나면 식당에서 반찬을 가져와 밥을 해서 먹이고 등교를 시킨 후 청소를 했다. 학교나 유치원에서 학부모 면담이 있으면 찾아갔고 방과 후에는 아이들과 놀아주었다. 저녁에는 유아들을 씻기고 잠들기 전까지 초등생들의 학습을 도왔다.

이보다 더 힘든 것은 엄청난 양의 서류작업이었다. 매일 보육일지를 쓰고 부모들이 방문했을 때에는 한 달에 한 번 연고자 일지를 작성하며 아이들이 후원자에게 감사편지를 쓰도록 지도한다. 월말에는 후원금이 없는 아이의 디딤씨 앗통장에 씨앗자금을 입금하고 보고서를 작성한다. 아이들 안에서 분실사고가 일어나면 상담하고 일지를 써야 한다. 추석이나 연말, 설날에는 후원자 초청 프로그램을 만들고, 행사가 끝나면 결과보고서를 작성한다.

보육원의 생활지도원들은 심신의 한계를 넘어서는 일을 해내고 있었다. 과연 집에서 8명의 아이를 키우는 부모에게 이처럼 일일이 보고서를 쓰라 하면 양육이 가능하기나 할까? 보육원 교사들의 소진을 막기 위한 최소한의 대책도, 인원 충원도 부족한 현실이다. 탈시설 정책을 추진하기 위한 첫걸음은 시설의 현실을 외면하는 것이 아니라 더 깊이 들여다보는 데서 시작되어야 한다.

재순 씨는 보육원 아동들이 가능하면 많이 입양되기를 바란다. 예전에는 아이들이 생활지도원 선생님을 '엄마'라고 부르기도 했지만 요즘은 '이모'라는 호칭을 주로 쓴다. 아이들은 어릴 때 "나는 이모가 제일 좋아요"라고 말하다가도 유치원에 들어가면 자신의 환경이 일반 가정과 다르다는 것을 조금씩 알게 된다. 어느 날 목욕을 하던 다섯 살 아이가 물었다. "이모, 나는 엄마 아빠가 없는데 어디 가서 빌려 와야 해요?" 재순 씨는 아이의 마음이 다칠세라 답해주었다. "가족에는 여러 모습이 있어. 엄마가 없거나 아빠가 없는 집도 있고 할머니랑 사는 집도 있단다. 지금 함께 사는 너희들이 자매처럼 의지하고 살아도 가족이 되는 거야." 그러나 아이가 느끼는 결핍을 그도 잘 알기에 몹시 가슴 아픈 기억으로 남았다.

보육원 아이들에게 입양이란

장재순 씨는 2020년 1월 한 아이를 입양하면서 돌봄에 집중하기 위해 보육원 일을 그만두었다. 입양 당시 다섯 살이었던 아이는 재순 씨가 보육원에서 신생아 때부터 생후 17개월까지 돌봤고, 아이가 아파서 입원했을 때 병간호도 하면서 정이 많이 들었다. 장성한 아들딸이 있는 재순 씨에게는 손주 또래 아이였지만, 엄마를 만들어주고 싶은 간절함이 현실의 벽을 넘게 했다.

이렇게 입양한 딸 지수는 베이비박스를 통해 시설로 온 아기였다. 보육원에서 자신의 손으로 키운 경험이 있긴 해도 입양 후의 양육은 또 달랐다. 시설에서 욕구를 좌절당한 경험이 많았기에 집에 와서는 아이가 원하는 것을 될 수 있는 대로 들어주려고 애썼다. 보육원에서는 하루에 한 번 밖에 바깥놀이를 못했던 터라, 아이는 밖에서 놀다 집에 들어가지 않으려고 떼를 쓰기 일쑤였다. 혼자 화장실을 못 가서 매번 같이 가줘야 했고 식사시간에 돌아다니는 버릇이 있기도 했다. 억눌린 생활을 해왔으니 지금은 자유롭게 두기도 하지만 통제할 때는 자세한 이유를 설명해준다. 엄마한테서 태어나지 않았음을 슬퍼하며 생모를 궁금해하는 딸에게 재순 씨는 약속했다. 베이비박스에 간절한 마음을 담아 쪽지를 남겼던 생모를 꼭 만날 수 있도록 돕겠다고.

정재호(42세) 씨는 보육원의 봉사자로 청소와 놀이, 운동 등을 함께 하다가 정이 들어 한 아이를 입양했다. 2018년 입양 당시 일곱 살이었던 아들 희재는 생부에 의해 백일 즈음 보육원에 맡겨졌다고 했다. 희재를 입양하고 두 달이 지났을 때 재호 씨는 아이의 시력이 좋지 않은 것을 발견했고, 아이들 하나하나를 세심히 볼 여력이 없는 시설의 현실이 안타까웠다.

"희재에게 안경을 맞춰주면서 알게 됐어요. 시설에서도 아이들의 건강을 체크하지만 일반 가정과 다를 수밖에 없죠. 한 사람이 8명을 돌보다 보니 아이에게 소소한 질환이 있어도 살피기 어려운 부분이 있어요. 또 생활지도원이 자주 바뀌기도 해서 아이들에게 정서적인 어려움이 생겨요. 희재도 사람을 잘 못 믿고 위험한 상황이 생기면 혼자 해결하려 하거나 회피하는 모습을 보이곤 해요. 입양 후에도 다른 사람이 조금만 잘해주면 그들에게 의존하면서 따라가 살겠다는 식이었죠."

재호 씨 부부는 희재를 키우면서 예상치 못했던 어려움을 겪었지만 현재는 큰 문제들이 해결되어 한결 편안해졌고, 곧 다가올 사춘기를 걱정하고 있다. 그간 도서관에서 관련 자료를 찾아보며 가족 규칙을 다시 정하기도 하고 다양한 상담치료도 받아왔다. 여러 연구에 나오듯 아동에게는 3세 이전의 애착관계가 중요한데, 보육원에서 6년을 살아왔으니 적응이 힘든 것은 당연한 일이다. 그러나 재호 씨는 시설아동의 입양에 대해 무조건 낙인을 찍는 세태를 경계한다.

"시설 아이들은 동정의 대상이 아니에요. 큰 가능성을 가진 아이들에게 우리 사회가 주홍글씨를 새기는 것은 바람직하지 않아요. 희재가 있던 보육원에서 자란 아이들 중 한 명을 또 입양하려고 알아봤는데 아이들이 옮겨간 시설에서는 입양 진행을 안 한다고 해서 어렵네요."

이제 열 살이 된 희재에게 입양 당시 어떤 마음이 들었는지 물었다. "설렘도 있었지만 두렵고 낯설기도 했어요. 보육원을 떠나고 나니까 친구들이랑 동생들이 많이 그리웠어요." 아이의 천진한 목소리는 이어졌다. "친구들이 잘 입양됐으면 좋겠어요. 입양될 땐 부모님을 잘 고르기 바라고요."

재호 씨가 둘째 입양을 시도하며 난관에 부닥친 것은, 대부분의 아동양육시설 운영자들이 입양을 적극적으로 추진하지 않기 때문이다. 그런 점에서 양평 신망원을 운영하는 박명희 원장의 행보는 주목할 만하다.

신망원은 1952년 전쟁고아들을 위한 시설로 시작해 3대째 내려오는 역사를 갖고 있다. 현재 신망원에는 영아부터 대학생까지 40여 명의 아이들이 지내고 있으며, 이들은 독채 여섯 동으로 구성된 숙소에 거주한다. 한 명의 생활지도원이 담당하는 아동 수는 영아의 경우 2명, 미취학 아동은 5명, 초등학생 이상은 9명이다. 박 원장은 입양을 적극 추진하여, 2013년부터 지금까지 베이비박스를 통해 들어온 아기들 60여 명 중 30명 이상을 입양 보냈다.

입양을 진행할 때는 보육원에서도 예비 입양부모를 충분히 검토하고 입양기관의 조사를 거쳐 기쁜 마음으로 아이를 보내지만, 원가정으로 복귀할 때는 우려되는 경우가 많다고 박 원장은 전한다. 좋지 않은 기억을 가지고 입소한 아이들은 부모의 연락을 피하기도 하고, 사춘기 아이들 중에는 퇴소하면 부모와 연락을 끊겠다는 말을 하기도 한다. 심한 집착을 보이거나 사리에 맞지 않는 언행을 하는 부모가 다시 아이를 데려가겠다고 하면 박 원장의 우려는 깊어진다. 가정 복귀 후 실제로 잘 지내는지 시설 측에서 확인할 수단도 없다. 그러나 입양을 한 부모들은 보육원의 초대를 받거나 후원자로서 아이와 함께 종종 찾아오기에 대부분 만남이 가능하다. 또한 보육원에서 입양한 부모들 끼리 커뮤니티를 만들어서 서로 정보도 나누고 살아가는 모습을 공유하기도 한다. 원가정으로 돌아간 아이들은 그런 기회가 없으니 박 원장의 마음은 답답할 수밖에 없다.

박 원장은 아이에게 가장 필요한 것은 가정이므로 충분한 검증을 거친 입양은 좋은 선물이 될 거라고 믿는다. 그런 그도 처음부터 입양에 적극적인 것은 아니었다. 초기에는 입양기관에서 특정 조건의 아이를 의뢰해왔을 때 '우리 아이를 보낼 만큼 믿을 수 있나' 하는 의구심이 있었다고 했다. 그러나 이후 아이가 입양되어 잘 지내는 사례들을 보면서 마음의 문을 열 수 있었다. 신망원에서는 일반적으로 입양되기 힘들다는 나이 든 아이들과 쌍둥이도 입양을 보냈거나 입양 진행 중이다. 입양에 대한 박 원장의 적극적인 태도를 잘 이해하지 못했던 직원들도 점차 변화를 보였다. 이제 교사는 자신이 돌보고 있는 아이가 입양 가기를 바라는 마음을 먼저 내보이곤 한다. 입양 보낸 아이가 부모 손을 잡고 보육원을 방문했을 때 티 없이 예쁘게 자란 모습을 보면서, 박 원장과 마음을 함께하게 된 것이다.

'보육원 폐쇄'를 주장하기 전에

2019년에 발생한 보호대상아동의 68%가 가정이 아닌 시설로 보호 조치되었다. 이는 10년 전인 2009년의 시설보호율 52%를 감안할 때 비약적으로 증가한 수치다(표5). 이렇게 위기아동들이 시설 입소로 편중되는 현실은 아동에 대한 국가의 책무 유기를 여실히 보여준다.

이제 아동복지를 말할 때 시설보호는 최후의 수단임이 점차 상식으로 받아들여지고 있다. 이를 바탕으로 변호사 황필규 씨는 한 칼럼에서 유엔총회의 아동권리에 대한 결의를 다음과 같이 소개했다.

"가장 눈에 띄는 것은 역사상 처음으로 이른바 '고아원'

이 아동을 보호하지 못하고, 아동에게 해가 되고, 점차적으로 없어져야 한다는 입장을 분명히 한 점이다. 이 결의는 더 나아가 이러한 시설에서의 자원봉사활동이나 선의의

구분	계	가정 보호					시설 입소			
		소년소녀가정	입양	가정위탁	입양 전 위탁	합계	아동양육시설	일시보호시설	공동생활가정	합계
2009	9,028 (100)	213 (2.4)	1,314 (15)	2,734 (30)	–	4,261 (47)	2,406 (27)	1,640 (18)	686 (8)	4,732 (52)
2010	8,590 (100)	231 (2.7)	1,393 (16)	2,124 (25)	–	3,748 (44)	2,445 (28)	1,751 (20)	623 (7)	4,819 (56)
2011	7,483 (100)	128 (1.7)	1,253 (17)	2,350 (31)	–	3,731 (50)	2,246 (30)	862 (12)	612 (8)	3,720 (50)
2012	6,926 (100)	117 (1.7)	772 (11)	2,289 (33)	–	3,178 (46)	2,272 (33)	676 (10)	775 (11)	3,723 (54)
2013	6,020 (100)	20 (0.3)	478 (8)	1,749 (29)	516 (9)	2,763 (46)	1,731 (29)	801 (13)	686 (11)	3,218 (53)
2014	4,994 (100)	13 (0.3)	393 (8)	1,300 (26)	388 (8)	2,094 (42)	1,818 (36)	566 (11)	506 (10)	2,890 (58)
2015	4,503 (100)	–	239 (5)	1,206 (27)	376 (8)	1,821 (40)	1,412 (31)	799 (18)	458 (10)	2,669 (59)
2016	4,583 (100)	6 (0.1)	243 (5)	1,022 (22)	425 (9)	1,695 (37)	1,736 (38)	548 (12)	592 (13)	2,876 (63)
2017	4,125 (100)	2 (0.05)	285 (7)	994 (24)	423 (10)	1,704 (41)	1,467 (36)	310 (8)	625 (15)	2,402 (58)
2018	3,918 (100)	1 (0.03)	174 (4)	937 (24)	357 (9)	1,469 (37)	1,300 (33)	494 (13)	648 (17)	2,442 (62)
2019	4,047 (100)	5 (0.1)	104 (3)	1,003 (25)	196 (5)	1,308 (32)	1,707 (42)	401 (10)	625 (15)	2,733 (68)

[표5] 보호대상아동 조치 현황 (단위: 명, 괄호 %)
출처 _ 〈보건복지 통계연보〉, 보건복지부, 2020

방문이 아동의 시설 유입을 조장하는 해악을 끼칠 수 있음을 경고하기도 했다. 전 세계적으로 80% 이상의 시설 아동에게는 부모가 있다. 가족이 함께 살 수 있도록 적절한 지원이 이루어질 필요가 있다."[07]

이 칼럼은 미국 등 다양한 나라의 탈시설 노력을 소개하고, 시설에서 심각한 인권침해가 일어날 수 있음을 고발했다. 시스템을 바꾸는 노력을 주창했다는 점에서 의미가 있지만 몇 가지 짚어봐야 할 문제들이 있다.

첫째, 시설의 문제점을 비판하는 방식은 어떠해야 할까? 황필규 씨의 글은 이른바 '고아원'이 아동에 대한 보호기능을 못할 뿐 아니라 오히려 해가 된다는 유엔의 입장을 소개했다. 물론 대규모 양육시설이 광범위하게 존재하는 우리나라의 현실은 아동복지가 제대로 작동하지 못함을 보여준다. 그러나 실제로 많은 아이들이 살아가고 있는 시설을 뭉뚱그려 인권침해의 현장으로 표현한다면 어떤 일이 일어날까? 시설을 나온 김은지 씨는 말한다. 당장의 현실적 대안이 없다면 보육원을 좀 더 인간적인 곳으로 변화시키는 것이 먼저라고. 과도한 비판은 오히려 시설 아이들을 낙인찍는 결과를 낳을 수 있으니 대책 없이 떠들기만 해서는 안 된다고.

태생적으로 보수적일 수밖에 없는 공간임에도 최근 은지 씨가 방문한 보육원은 많은 변화를 보이고 있었다. 인권의식이 높아져 아이들이 이전보다 존중받으며 지낼 수 있는 공간으로 변해가고 있다는 것이다. 은지 씨가 그곳에서 가장 크게 체감한 변화는 '언어'라고 했다. 규제와 금지의 언어가 이제는 존중의 언어로 바뀌고 있다고 한다. 교사의 숫자도 늘어 아이들을 돌볼 수 있는 손길이 많아졌고 관계도 더 친밀해졌다. 예전에는 아침 6시면 무조건 식사를 해야 했는데, 지금은 아이들이 언제든 냉장고를 열 수 있을 정도로 자율적인 분위기가 되었다. 은지 씨가 보육원에서 살던 시절에는 대학 진학을 원하는 아이가 있으면 어떻게든 말리는 분위기였다고 한다. 대학 입학이 특혜로 여겨져 다른 아이들도 가고 싶어 하면 곤란하다는 이유에서였다. 그러나 지금은 최대한 아이들이 원하는 진로를 택할 수 있게 돕는 편이다. 오늘날에도 아이들의 정서적 고립은 여전하지만, 대안을 모색하며 변화를 꾀한다고 했다.

은지 씨는 강조한다. "대책 없이 탈시설을 주장하기보다는 대안을 먼저 제시해야 하는데 앞뒤가 바뀌지 않았나요? 아이들이 시설에 들어오는 큰 요인이 가정폭력인데, 폭력성은 한순간에 사라질 수 없잖아요. 빈곤가정 지원만 대책으로 삼고 아이들이 생사를 위협받는 곳으로 다시 돌아가라는 건 죽으라는 뜻이에요. 정신적 어려움을 겪고 있는 부모나 친족 간 성폭력 사례도 허다해요. 이런 경우를 어떻게 감당하겠다는 건가요?"

박명희 원장의 의견도 같았다. "시설에 문제가 있다면 취약한 부분을 강화하면서 바꿔가야죠. 아이들이 시설 출신이라는 이유로 주눅 들거나 인생이 망했다는 생각을 하면 안 되잖아요? 우리도 많이 변하고 있는데 문제가 생기면 시설아동이라 어쩔 수 없다는 식으로 생각해선 안 되죠. 지금 더 좋은 대안이 있다면 저도 적극 찬성할 겁니다. 그런데 당장의 대안 없이 무조건적인 탈시설을 주장하는 건 문제라고 봅니다."

시설을 실제로 경험했거나 현재 몸담고 있는 이들이 하는 말에 우리가 귀 기울이지 않는다면, 탈시설 주장은 긍정적인 결과를 가져올 수 없다.

둘째, 시설이 '점차' 없어져야 한다면 구체적인 대책은 어떤 것이어야 할까? 황필규 씨는 미국의 사례를 들어 이렇게 설명한다. "미국에서는 20세기 초부터 시설의 대안으로 위탁가정이 주장되었고 1960년대에 탈시설이 사실상 어느 정도 완성되었다. 법제 개선을 통한 한부모 혹은 장애를 가진 부모에 대한 전폭적인 재정 지원, 위탁 양육의 증가 등이 탈시설 흐름의 기반이 되었다." 그러나 그의 글 속에는 20세기 말부터 미국의 아동복지정책이 어떻게 변화했는지에 대한 내용이 담겨 있지 않다.

1996년 클린턴 정부는 위탁가정이 시설의 대안이 될 수 없음을 절감하고 새로운 법을 제정했다. '입양 2002'라는 정책을 추진하면서 2002년까지 입양을 두 배 이상 늘린다는 목표를 제시했다. 또한 '동시적 사례 계획concurrent planning'을 통해 원가정 보존 조치와 입양 조치를 동시에 진행할 수 있도록 했다. 새 법은 주정부가 입양을 적극적으로 추진하도록 강제하는 성격을 지닌다. 이 법이 제정되기 전까지는 원가정 보존을 아동보호의 가장 중요한 목표로 삼았기 때문에 부모의 친권 박탈을 지양했고, 따라서 원가정 복귀가 어려운 아동들이 위탁가정을 전전하며 보호기간이 장기화되는 폐단이 있었다. 새로운 법은 가정위탁이나 시설보호 기간을 가능한 단축시키는 것을 목표로 한다. 이 법은 입양부모에게 세금 혜택을 주고, 입양 건수가 늘어날수록 주정부에 연방이 더 많은 재정 지원을 하는 인센티브를 제공한다. [08]

황필규 씨의 주장대로 시스템을 바꾸는 정책은 중요하

다. 그러나 원가정 보존에 집착했던 미국이 이를 반성하고 실질적인 정책을 펼친 것을 새겨봐야 한다. 지금 우리에게 필요한 것은 현실적이고도 유연한 정책이다. 입양을 바라보는 경직된 시각과 시설에 대한 공허한 비판만으로는 당면한 문제를 해결할 수 없다. 시설 자원봉사자나 방문객의 선의에 대한 폄하도 멈춰야 한다. 시설에서 성장하는 아이들의 삶에 관심 갖는 일은 아무리 많아도 지나치지 않다. 더 많은 이들이 시설에 들러 봉사하고 후원하고 위탁하고 입양해야 한다.

더불어 그간 사회가 외면했던 원가정 지원에 대한 관심도 들불처럼 일어나야 한다. 탈시설이라는 이상을 강조하기 전에 시설아동들이 상처받지 않도록 배려하는 방식을 먼저 고민할 필요가 있다. 신영복 선생은 "이론은 좌경적으로, 실천은 우경적으로"라는 말로 변화를 선도하는 자세를 표현했다. 사회적 약자를 위해 아무리 시급한 정책이라도, 의도하지 않은 결과나 부작용에 대한 충분한 검토가 선행되지 않으면 진보의 시계는 멈출 수 있다.

3장

가정을
닮은 시설,
그룹홈

왜 그룹홈인가

　'광주돈보스코나눔의집'의 운영자 이상윤 씨는 그룹홈
(아동공동생활가정)이 어떤 곳이냐는 질문을 종종 받는다.
2004년 아동복지시설로 법제화되었지만 여전히 많은 사람
들이 잘 모르고 있는 탓이다. 집단적인 시설 양육을 소규
모의 가정형 보호로 재편하기 위해 대두된 그룹홈은, 정부
관리 하에 5~7명의 아동들에게 가정과 유사한 환경을 제공
하는 역할을 하고 있다. 2020년 말 기준으로 약 6백여 개의
그룹홈이 전국에서 운영되고 있으며 이곳에서 지내는 보
호대상아동 수는 약 3천 명이다. 서울과 부산에는 그룹홈

지원센터가 별도로 운영되고 있기도 하다.

위탁가정과 대규모 보육시설의 중간쯤에 해당되는 그룹홈은 주로 영국, 미국, 일본 등지에서 활성화되어 있다. 영국에서 민간 주도 아동보호사업의 일환으로 1870년대에 세워진 '버나도 홈Burnardo Home'이 최초의 그룹홈으로 간주된다.[09] 우리나라는 한국전쟁을 거치며 대규모 보육시설에서 고아들을 양육하다가 1990년대부터 그룹홈 형태가 등장했다. 현재 법에서 규정하는 의미의 그룹홈은 1987년에 설립된 '은총의집'에서 시작되었다. 서울 성북구에서 문을 연 은총의집은 마을 속 가정집에 명패 없이, 아동 7명과 어른 2명이 함께 생활하면서 아동이 늘어나면 분가하는 방식으로 운영되었다.

그룹홈은 시설과 가정의 특징을 동시에 갖고 있기 때문에 양쪽의 장점을 취할 수도 있지만, 애매하게 보이는 위상으로 어려움에 처해 있기도 하다. 즉 시설의 전문성과 가정보호의 섬세함을 동시에 취할 수 있는 반면, 일반 아동보호시설에 비해 낮은 처우로 종사자들의 근무 환경은 매우 열악한 편이다.

'돈보스코나눔의집'은 한국살레시오회라는 가톨릭단체가 법인으로, 1970년대 말 서울에서 한 독지가가 그룹홈 형태로 운영하던 집을 인계받아 시작했다. 이후 수도권과 광주, 춘천, 대전 등지에서 그룹홈을 운영해오고 있으며, 이상윤 씨가 운영하는 광주 돈보스코 나눔의집은 그 연장선상에서 1996년 5월 개소해 현재까지 운영되고 있다. 이상윤 원장에 따르면 예전에는 경제적 어려움으로 아이들이 맡겨졌던 데 비해 지금은 부모에 의한 피학대아동의 비율이 높아졌다고 한다. 현재는 위탁가정과 대규모 보육시설에서 적응이 힘들어 온 아이들 3명과 피학대아동 4명 등 모두 7명의 아이들이 함께 생활하고 있다.

이 원장은 일반 가정도 역사와 환경이 다른 것처럼 그룹홈에 대해서도 개별적 특성을 존중해야 한다고 강조한다. 현재처럼 시설 위주의 규정만 강화해 공장에서 벽돌 찍어내듯 그룹홈을 획일화하는 것은, 대형시설을 아이들 숫자만 줄여 운영하는 형국이라는 것이다.

이 원장의 가장 큰 보람은 아이들이 원가정에 복귀하거나 자립하여 행복하게 잘 살아가는 모습을 보는 것이다. 자립한 아이들이 명절이나 어버이날에 그룹홈을 방문하고, 동생들을 돕거나 후원하는 모습을 보는 것은 그에게 큰 기쁨이고 희망이다. 언니 오빠가 동생들의 롤모델이 되어주기도 하고, 자립한 아이들이 일종의 대가족처럼 친형제

보다 가깝게 지내기도 한다. 서로 직장을 알아봐주고 군에 입대할 때 배웅해주거나 휴가를 나오면 챙기기도 한다. 이 처럼 잘 성장한 아이들의 삶 자체가 그룹홈의 장점이자 존재이유다.

그룹홈에서 자라는 아이들

그룹홈으로 오는 아이들은 정서적으로 어려움을 가진 경우가 많고 이를 표출할 때 격한 모습을 보일 수 있지만 모든 아이들이 그렇지는 않다.

"어떤 경우엔 오히려 무척 위축된 모습을 보이기도 하죠. 각자의 경험과 특성에 따라 다르게 나타나기 때문에 접근법도 달라야 해요. 다문화가정에서 자라며 폭력을 겪은 한 아이는 처음에 말을 못해서 장애가 있는 줄 알았어요. 아이에게 말 걸고 계속 마음을 읽어주려는 노력을 했더니 한 달도 안되어 말문을 열었죠. 요즘은 말이 너무 많을 정도입니다."

이상윤 원장의 말이다. 문제행동을 일으키고 가출을 하는 아이들의 경우 전문가의 상담치료를 받게 하고, 친밀히

다가가 계속 마음을 읽어주려는 노력을 한다. 이런 과정을 거치며 속내를 드러내고 변화하는 아이도 있지만 끝내 거부하는 아이도 있다. 한 아이는 심하게 엇나가 칼을 휘두르며 위협까지 하여 경찰이 출동했다. 그러나 또 버림받게 할 수 없다는 생각에 전문가들의 조언을 구한 뒤 환경을 바꿔주기로 했다. 같은 법인에 속한 소규모 시설에 텃밭과 운동장이 딸린 곳이 있어 아이를 설득한 끝에 그곳으로 보냈고 지금은 잘 지내고 있다. 그룹홈의 전문성은 이런 식으로 발휘된다. 돈보스코 나눔의집은 다른 그룹홈보다 자원 연계가 잘되는 편이기는 하지만 경제적 어려움에 시달리는 것은 다른 곳과 크게 다르지 않다.

법인 소속이 아닌 개인 운영 그룹홈의 사정을 알아보기 위해 2년 전 인터넷 기사에서 본 아이의 소식을 찾아보았다. 두 살 무렵부터 7년 동안 그룹홈에 맡겨졌던 윤이(가명)가 본래 가정으로 돌아갔다가, 엄마와 외할머니에게 연이어 학대를 당해 한 달 만에 다시 그룹홈으로 돌아온 사연이었다. 정신질환을 앓고 있던 엄마는 병이 악화되자 윤이를 학대했고, 외할머니에게 맡겨졌지만 분노 조절에 어려움을 겪던 외할머니마저 폭력을 휘둘렀다. 화를 참지 못한 외할머니가 윤이의 등에 끓는 물을 부어 심각한 화상을 입혔고, 제때 치료를 받지 못한 채 그룹홈으로 왔기에 전문치료가 필요한 상황이었다. 게다가 윤이의 물건을 생모가 모두 없애버려서 그룹홈으로 돌아올 때 윤이는 아무것도 가진 게 없었다.

심각한 아동학대 사건이 불거질 때마다 온 나라가 들썩이던 것과 달리, 이 사건은 허허벌판에 당사자인 아이와 소수의 어른들만 남은 형국이었다. 그룹홈으로 옮겨간 윤이는 어떻게 되었을까? 윤이가 살고 있는 A그룹홈 한미나 원장은 지방의 소도시에서 현재 유아 3명, 초등학생 2명, 고등학생 2명과 함께 살고 있다. 유기아동으로 성본 창설한 아이 한 명을 제외하곤 모두 부모의 학대를 겪은 아이들이었다.

윤이 소식을 물었을 때 한 원장은 말을 아꼈다. 그도 그럴 것이 국가의 책임 있는 지원은 기대하기 힘들었고 치료비가 없어 윤이에게 적합한 심리치료를 찾기가 어려웠다. 연초에 바우처를 신청했지만 일반적인 청소년 정신건강 관련 검사였기에 기준에 해당되지 않아 지금은 자부담으로 심리치료를 하고 있다고 했다.

윤이의 경우, 복합적인 학대를 받은 아이에게 알맞은 심리치료사를 찾고자 해도 지역적 특성과 스케줄 탓에 연결되지 못했다. 게다가 그룹홈으로 올 때 윤이의 구체적 정보가 운영자에게 전달되지 않았다. 주 양육자인 할머니는 범죄 전과가 있었고, 생모는 정신질환으로 양육이 어려운 처지였음에도 아이의 원가정 복귀를 고집했으며, 7년 만에 집으로 돌아간 윤이는 한 달 후 처참한 모습으로 구조되었다는 사실만 알 수 있었을 뿐이다.

윤이에게 닥친 몇 번의 전환점에 국가는 어떻게 개입했는가. 윤이의 원가정 복귀 여부를 결정할 때 어떤 기준을 적용했는가. 아동보호전문기관과 쉼터 등 피학대아동이 집중적인 치료를 받아야 하는 기관에서 공적 시스템은 어떻게 작동했는가. 아이가 그룹홈에 정착한 후 국가의 전담 지원 대책은 왜 없었는가. 모든 부분이 허점투성이였다. 투표권도 발언권도 없는 아이들은, 그룹홈 운영자의 선의와 후원자들의 온정에 기대어 살고 있었다. 국가의 존재는 피학대아동에게 참으로 희미하고 멀게만 보였다.

원가정 복귀와 아동 최선의 이익

사회적 돌봄이 필요한 아동이 생기면 전문가들은 '원가

정 보호'를 우선으로 두고 아동에게 최선의 이익이 되는 정책을 시행해야 한다고 말한다. '아동 최선의 이익Best Interests of the Child'이라는 개념은 유엔아동권리협약 제3조 1항에서 비롯되었다. '공공 또는 민간 사회복지기관, 법원, 행정당국 또는 입법기관에 의하여 실시되는 아동에 관한 모든 조치에서 아동 최선의 이익이 최우선으로 고려되어야 한다'는 조항이 그것이다. 이와 같이 아동의 권리를 보장하는 인권의식은 사회 전반에 걸쳐 진일보한 변화를 가져왔다. 아동을 부모의 소유물이 아닌 존재 자체로 존중하는 전환점이된 것이다.

영미법계에서는 아동의 자기결정권, 즉 '아동 최선의 이익 원칙'에 의거해 국가가 부모의 친권에 직접적으로 개입한다. 부모에 의한 아동학대나 방임이라 판단될 경우 국가가 즉시 부모의 친권에 제재를 가하는 것이다. 서구의 경우를 보더라도 '원가정 보호'라는 복지 구호는 무조건 친권을 보호하고 원가정을 유지하자는 게 아님에도, 우리 사회의 경우 친권을 신성불가침의 영역으로 간주하는 부작용을 낳고 있다.

사실 '아동 최선의 이익'이라는 개념은 기계적으로 부모나 아동의 의견을 따르자는 것이 아니다. 경기대 범죄심리학과 이수정 교수는 이와 관련하여 매우 시사적인 말을 했다. 아동학대 사건을 다룰 때 우리나라는 유달리 아동의 의사를 많이 물어보는데, 외국의 경우는 학대의 심각성을 객관적으로 조사해 필요하다면 아동의 의사에 관계없이 일단 분리 명령을 내린다는 것이다. '가해자는 학대를 안 했다 하고, 피해 아동도 학대를 안 받았다고 부인하는 것'이 아동학대 사건의 특징이라면서, 한마디로 아동의 의사를 물어 결정하는 절차는 잘못됐다는 것이다.[10] 아동보호의 핵심을 짚는 말이다.

교육과 환경개선을 통해 원가정의 건강성을 찾아주는 것은 반드시 필요하지만, 위기아동에 초점을 두고 필요하다면 긴급분리를 주저하면 안 된다. '아동 최선의 이익'을 위해서는 아이들이 처한 상황과 발달단계에 맞는 사회의 개입이 꼭 있어야 한다.

한미나 원장은 또 다른 사건으로 현재 법정 소송 중이다. 초등학교 3학년인 진이(가명)는 한 원장이 이전 그룹홈에서 일할 때 처음 만나 A그룹홈으로 데려온, 자식과 같은 아이다. 진이는 부모를 모르고 살다가 최근 생모의 요청으로 3~4회 정도 생모를 만난 상태였다. 그러나 생모는 개인적인 사정이 생기면 연락을 끊었다가 충동적으로 다시 연락하는 일을 반복하며 전혀 신뢰감을 주지 못했다. 아이와의 관계가 안정되면 데려가는 것이 좋겠다고 생모에게 호소했으나 통하지 않았다. 생모는 한 원장의 법적 후견인 자격에 대한 종료신청을 했고 그 사안으로 몇 달째 소송을 진행 중이다.

제삼자가 본다면 아이가 원가정으로 돌아가야 마땅한데 시설장이 무조건 막는 걸로 비칠 수 있을 것이다. 생모는 진이가 아기일 때 다른 자녀만 데리고 가출했고, 진이는 위독한 상태로 구조되어 그룹홈으로 왔다. 부모와 살아본 경험이 없는 아이를 준비 없이 데려가면 어떤 상황이 벌어질지 너무도 뻔하기에 한 원장은 긴 법정 싸움을 마다하지 않고 있다.

한 원장의 일상 속 고민은 오늘도 이어진다. 같이 생활하는 아이들에게 위협적인 행동을 하거나 일부러 자극하는 아이, 어떤 훈육에도 뉘우치지 않는 아이들과 문제를 풀어가는 일은 늘 어렵다. 문제행동을 개선하기 위해 어른의 인내가 가장 필요한데, 교과서적인 대처부터 시작해서 다양한 방법을 동원한다. 시간이 지나면 좋아지는 아이도 있지만, 정말 깜깜인 아이도 있다.

한 원장은 그룹홈에서 자립하여 나간 한 아이의 사연을 들려주었다. 기물파손과 욕설 등 폭력적인 행동을 지속하다가 결국 다른 아이들까지 위험한 상황이 오자 아이를 제압해 경찰에 신고했다. 그러나 경찰이 왔을 때 아이는 오히려 원장이 폭력을 행사했다고 증언했다. 경찰은 아이를 데리고 들어가 따로 조사했다. 이런 경우 경찰은 어른이 거짓말을 하거나 진실을 감출 거라는 전제하에 아동의 말을 우선 신뢰한다. 한 원장은 아이의 행동이 너무나 위험해 진정이 안 되어서 제압할 수밖에 없었다고 증언하면서 경찰에게 반문했다. "제가 아이에게 공손히 얘기해야 했습니까?" 그는 아이의 폭력으로 자신이 다친 부위를 사진 찍어 경찰에 제출했다. 이럴 때마다 한 원장은 시설에 대한 불신과 부정적인 시선이 팽배함을 느낀다고 했다.

이 와중에도 한 원장은 그룹홈에서 보호하는 6세 남아를 입양할 준비를 하고 있다. 생후 석 달간 인큐베이터에 있으면서 장애를 갖게 되어 현재 재활치료를 받는 아이다. 독신자 입양을 해야 하는 한 원장에게 입양 과정은 녹록지 않다. 법원 접수를 마치기까지도 오래 걸렸지만 앞으로도 일 년 정도 더 걸릴 수 있다고 했다. 입양부모에 의한 아동학대 사망 사건의 여파로 입양기관들이 몹시 위축된 데다가 독신자 입양이라 더욱 까다롭게 진행되고 있기 때문이다. 그는 위탁과 입양에 대한 생각을 털어놓았다. "지금 입양 절차를 밟고 있는 아이를 위탁하는 것도 생각해봤죠. 하지만 온전하게 내 자식이 됐을 때와 그렇지 않을 때 법적인 부분이 너무나 다름을 알기에 입양으로 결정했어요. 학교의 가정통신문에 서명 하나를 하더라도 아이와 어떤 관계인지 써야 하거든요. 위탁의 경우 부모가 아니라는 사실을 서류에 쓸 때마다 아이가 박탈감을 느낄 수밖에 없어요."

한 원장은 입양 진행 중인 아이 말고도 그룹홈에서 지내는 세희(가명, 5세)를 입양할 수 있는지 알아보았다고 했다. 유기아동으로 아기 때부터 키운 세희에 대한 그의 마음은 여느 엄마들과 다를 바 없이 각별했다. 그러나 현재의 경제 여건에서 또 한 아이를 입양하는 것은 어려울 거라는 답을 들었다. 앞으로 세희가 성장하여 본인이 직접 입양 청구를 하고 법원의 허락을 얻을 수 있길 그는 기대하고 있다. 아이들과의 앞날에 대해 한 원장은 말한다. "스무 살까지 정성껏 키울 겁니다. 그날이 오면 같이 손잡고 그룹홈을 떠날 거예요."

올해부터 한 원장의 그룹홈에는 부모에게 학대받아 긴

급 분리된 아이들이 수시로 들어오고 있다. 2021년 3월부터 시행된 즉각분리제도는 일 년 안에 두 번 이상 아동학대로 신고되면 아이를 집에서 즉각 분리해 다른 곳에 위탁할 수 있도록 한 제도다. 현재 그의 그룹홈에는 새벽 한두 시에도 연락이 오고 어떤 아이는 잠옷 차림으로 오기도 한다. 즉각분리 이후 아이가 갈 곳이 없어 경찰도 당황하는 일이 다반사라고 한다. 준비 없이 제도만 도입했으니 현장은 아수라장이 되었다. 결국 핵심은 예산, 곧 돈이다. 투표권 없는 아동들의 복지에 대해 정부의 의지가 어떠한지 거듭 물을 수밖에 없는 이유다.

보람만큼 큰 어려움

2014년 그룹홈 입소 전에 학대를 경험한 아동이 36.8%인데 반해 2017년에는 그 비율이 68%로 비약적으로 늘었다.[11] 아동학대에 대한 인식이 높아진 것도 원인이지만 이는 원가정이 결코 안전지대가 아니라는 현실을 보여준다. 한미나 원장은 앞으로 급증할 피학대아동들이 시설로 오면 얼마나 적응할 수 있을지 깊은 우려를 표했다.

그룹홈으로 오기 전 아동보호전문기관은 학대 사항을 조사하는 데 초점을 둔다. 학대의 심각성, 재발 우려, 위협의 정도 등을 제외하고는 아동에 대해 꼭 알아야 할 정보가 파편화된다. 이를 민간기관에 떠넘기지 않고 국가가 법률적으로 표준지침을 응당 마련해야 함에도 이 준비는 지연되고 있다.

피학대아동의 회복에서 가장 강조되는 것은 심리치료와 생활 관찰이다. 그룹홈은 그중에서도 일상을 영위하도록 지원하는 데 초점을 둔다. 심리상담을 통해 아픔을 드러내고 치유하는 것도 중요하나 전문상담만이 정답은 아니다. 굳이 심리치료가 필요치 않거나 기다려주어야 할 아동에게도 행정적으로 판단하여 상담을 하는 경우가 있다. 그룹홈의 초점은 일상의 힘을 하루하루 쌓아가는 것이다. 한 원장은 현장 전문가로서 진정성이 담긴 말을 전했다. "정서도 만져줘야 하지만 일상을 더 어루만져야 합니다."

한 원장은 만 18세가 된 아이가 시설 퇴소 후 원가정으로 복귀하면서 생기는 부정적인 현실도 많이 목격했다. 성년이 되도록 아이를 시설에 맡겼다는 것은 경제 상황, 정서적 관계, 건강 문제에 있어 자녀가 오히려 부모를 부양해야 할 개연성이 높다는 것을 뜻한다. 아이가 자신의 꿈을 포기하고 생계를 위해 하루벌이를 나가는 일이 숱하고, 더 통탄할 상황은 자녀의 자립정착금을 다 쓰고 난 후 부모가 사라지는 일이다. 전문가들이 '원가정 보호'라는 구호에 의존하여 탁상공론을 일삼는 동안 피해 아동들과 함께 분투하는 현장의 목소리는 묻히고 있다.

경기도 의왕시에서 '희망의집'을 운영하는 임채광 원장은 그룹홈의 책임만 강조하는 현실의 어려움을 토로했다. 희망의집에서 생활하는 아동 7명은 대부분 부모의 학대와 방임 때문에 그룹홈으로 왔다. 심리치료를 받고 다양한 사회적 접촉을 통해 좋아지는 아이들이 있는 반면 새로운 문제가 드러나기도 한다. 이전에 심리검사를 한 적이 없던 아이가 그룹홈에 와서 ADHD나 경계선 장애 진단을 받는 경우가 많은데, 외부에서는 그룹홈에서 학대를 받아 문제가 생겼다고 비난하기도 한다. 예전에 비해 아이들의 성향은 점차 대처하기 힘든 쪽으로 바뀌고 있는 것이 현실이다. 만일 한두 명이라도 폭력성이 심한 아이가 있으면 그룹홈 운영 자체가 어려워지기도 한다.

서울과 부산에는 그룹홈 지원센터가 있어서 여러 업무를 지원하고 있지만 다른 지역에서는 이러한 도움을 받지 못한다. 그룹홈에서 어떤 사건이 발생하면 전수조사를 받고 예비 범죄자 취급을 당하기도 하지만, 책임만 강조되고 제대로 된 지원은 없는 것이다. 지역이 넓은 경기도는 남부와 북부, 최소한 두 군데라도 그룹홈 지원센터 설립이 절실하다고 한다. 이를 기반으로 사업 지원, 자립 준비, 심리치료 주선 등의 역할이 필요하다.

그룹홈의 정체성을 잘 살리기 위해서는 아동양육시설에 준하는 공공성을 높이되, 행정업무는 대폭 간소화하여 양육에 집중할 수 있는 여건을 만들어야 한다. 같은 아동복지시설 중에도 종사자의 근무시간과 업무량, 급여 등에서 그룹홈은 무척 열악하다. 2019년 2월 국가인권위원회가 그룹홈에 대한 차별을 중지하라고 권고했음에도 지금껏 개선되지 않고 있다.•

이상윤 원장은 그룹홈에서 좋은 어른들이 아이들과 함께할 수 있도록 환경과 제도 개선을 요구한다. 누가 봐도 상식적이지 않은 정책으로 일반시설과 다른 처우를 하고 차별적인 운영비 지원을 하는 현실을 개선해야 한다는 것이다. 외부에서 흔히 '좋은 일 한다, 열심히 한다'고 찬사를

• 국가인권위원회는 보건복지부가 아동양육시설과 공동생활가정 종사자에게 다른 임금 기준을 적용하여 인건비 차이를 발생하도록 한 행위는 '평등권을 침해한 차별 행위'라고 규정했다.

늘어놓는 것은 오히려 처우 개선을 더 어렵게 만든다. 그 룹홈 종사자들이 지치지 않을 수 있도록 지원하는 것이 국가의 일이다. 그룹홈을 특별대우하라는 것이 아니라, 일한 만큼 호봉을 지급하는 등 상식적인 지원을 함으로써 종사자들이 덜 소진되면서 안정적으로 아이들과 지낼 수 있게 지원해야 한다.

2016년 6월 14일 국회의원회관에서 개최된 '우리나라 아동보호체계 개선과 그룹홈 발전방향 모색을 위한 세미나'에서 서울기독대학교 김형태 교수는 다음과 같은 개편 방안을 제시하였다. "그룹홈의 역량 강화를 위해서 앞으로 운영주체를 법인화하거나 몇 군데의 그룹홈을 연합하여 운영될 수 있도록 해야 할 것이다. 전체 그룹홈의 약 3분의 2에 해당되는 67.3%가 개인이 운영하는 상황을 고려하면 한꺼번에 법인이나 단체로 전환하는 것이 현실적으로 어려우므로 지역이나 협력의 정도에 따라 네다섯 개의 공동생활가정을 하나의 거점형 그룹홈으로 묶어 운영하도록 유도할 필요가 있다." 이는 흩어져 있는 개개의 그룹홈을 효율적으로 운영할 수 있는 중요한 방안이다.

그룹홈에서 자립하는 아동들을 위해 일반 아동복지 시설처럼 자립전담요원을 배치하라는 요구도 크다. 한국아동청소년그룹홈협의회에 따르면 자립전담요원 숫자는 아동양육시설 234명, 가정위탁 18명, 그룹홈은 0명이었다 (2019년 기준). 그룹홈 아동들은 자립지원에서도 심각한 차별을 받고 있는 것이다. 협의회는 아동 그룹홈에도 중앙과 각 지부에 자립전담요원 35명을 배치해달라는 요청을 하고 있다.

2017년 기준 우리나라의 아동·가족에 대한 공공지출은 국내총생산(GDP) 대비 1.1%에 그쳤다. 이는 OECD 회원국 평균인 2.2%의 절반이다. 하지만 보육을 제외하면 그마저도 0.2%에 불과해 OECD 회원국 평균인 1.4%에 크게 못 미친다.[12] 우리나라의 아동복지 분야가 재정적으로 허덕일 수밖에 없는 원인이 명확한 지표로 나와 있다. 투표권이 없고 자기 목소리를 낼 수 없는 아동들, 그중에도 부모의 손길이 닿지 않는 아이들이 왜 이토록 열악한 환경에 놓이게 되는지 숫자가 말해준다. 정책 담당자와 전문가들이 현장의 목소리에 더 귀를 기울여야 할 이유다.

이상윤 원장은 그룹홈에서 일하는 이유에 대해 이렇게 말했다. "현장 종사자로서 이 일을 하는 이유는 가족 해체를 겪거나 부모의 학대, 방임으로 인해 가정을 잃은 아이들과 적어도 식판이 아닌, 둘러앉은 밥상에서 함께 된장찌

개를 나눠 먹으며 가족 공동체를 이루고 싶었기 때문입니다." '나 홀로 식판'이 아닌, 가족의 이야기가 담긴 밥상 공동체를 꿈꾸며 일선에서 일하는 이들의 의지가 꺾이지 않도록 아동복지 전문가들이 모두 합심해야 할 때다.

4장

보육시설을
나온
청년들

비빌 언덕이 없다는 것

아동양육시설에서 지내다 만 18세가 되어 자립해야 하는 이들을 '보호종료아동'이라 부른다.• 한국보건사회연구원에 의하면 매년 약 2,600명이 보호종료아동이 된다. 이들이 시설을 나올 때 자립정착금 5백만 원이 지급되고, 보호종료 후 3년 동안은 매달 자립수당 30만 원을 지원받는다. 그러나 어린 나이에 홀로 자립하기에는 턱없이 부족한 액

• 유엔아동권리협약에서 아동의 범위는 특별히 따로 법으로 정하지 않는 한 '18세 미만의 자'로 정의하고 있다(협약 제1조). 하지만 국내법에서는 아동의 연령이 개별 법률에 따라 각기 달리 규정되고 있다.

수다. 보호종료아동을 위한 경제와 주거대책의 중요성에 대해 당사자인 한 청년은 "살 곳이 없다는 건 살 수가 없다는 뜻"이라고 말한다. 입양인, 입양부모, 미혼모, 시설퇴소 청년 등 보호가 필요한 아동에 대해 목소리를 내는 당사자들 중 가장 늦게 사회에 등장했다는 사실이야말로 이들의 위상을 말해준다.

주거 대책은 이들의 생존에 핵심적인 문제이지만 그 못지않게 절박한 문제가 있다. 2020년 12월 28일, 광주 남구 한 공공건물 7층 옥상에서 고교생 A(17세)군이 뛰어내려 숨진 일이 있었다.[13] 아기 때 보육원에 맡겨진 그는 고등학교에 진학하면서 우울과 절망감을 호소하다가 보육원 퇴소가 가까워지자 결국 삶을 등졌다. 이와 유사한 고통을 호소하는 어느 시설퇴소 청년은 "나를 위해 울어줄 사람이 한 명도 없으니 지금 죽어도 아쉬울 게 없다"고 말한다.

이들은 함께 보육원에서 자란 동료들의 죽음을 많이 겪는다. 무엇이 이들을 생사의 갈림길에 놓이게 했을까? 이들에게 의지할 누군가가 곁에 있는 것은 생명과 직결되는 일이다. 보호종료아동에 대한 실태조사조차 제대로 이루어지지 않은 현실 또한 심각성을 말해준다. 연락이 끊겨

조사를 할 수 없는 보호종료아동들의 범죄 피해, 빈곤, 죽음 등의 참상은 입에 담을 수 없을 정도라고 당사자들은 말한다.

'한국고아사랑협회'*의 부대표 노주현 씨는 시설을 나온 청년들이 성매매나 보이스피싱에 빠지는 경우를 흔히 본다고 했다. 청년들은 사회에서 처음 접하는 친절에 속아 범죄집단을 가족처럼 생각하게 된다는 것이다. 여성들은 갈 곳이 없어 성매매에 유인되기도 한다. 18세의 한 보육원 퇴소생은 포주인 남성이 자신에게 잘해준다는 이유로 성매매를 시작했다가 모텔에서 수차례 폭행을 당했다. 연락을 받은 보육원 선생님이 모텔을 찾아다니며 그를 구해오기도 했다.

퇴소 후 자립정착금 등을 소진한 보호종료아동 다수가 생계 곤란에 처하면서 쉽게 돈을 벌 수 있는 범죄의 유혹에 빠지곤 한다. 각종 SNS상의 유혹에 넘어가 휴대폰 소액결제, 대포통장, 신용카드 대출, 또는 사업자 등록 후 고가의 물품을 렌트하여 장물업자에게 넘기는 등의 수법에 속

● 2020년 7월에 설립된 비영리단체. 아동양육시설을 퇴소한 당사자가 중심이 되어, 자신의 목소리를 내기 어려운 현실 속 편견을 깨고 서로 돕기 위해 설립했다.

아서 단기간에 수천만 원의 채무를 지기도 한다. 특히 경계선 지능 청년들 중 대다수가 퇴소 후 사회생활을 시작할 때 곧바로 각종 휴대폰 사기와 대출 사기를 당하고 있다. 인지능력과 판단능력이 부족한 사람에게 의도적으로 접근하는 범죄자들로 인해 이들은 너무나 쉬운 범죄 대상이 된다. 이로 인해 수천만 원에 달하는 채무를 지고 신용불량자가 되거나 심지어 사기범죄의 가해자로 몰려 재판 후 전과자가 되기도 한다. 이와 같이 범죄의 희생양이 될 상황을 방지하기 위한 기본 대책으로 공공후견인 제도를 도입해야 할 필요가 있다. 이 제도는 범죄 피해로부터 청년들을 보호하고, 사건이 발생한 후에라도 감책이 가능하게 하는 기본적 안전망이다.

한편, 범죄의 희생자가 되는 것으로도 모자라 생부모에게 착취당하는 경우도 드물지 않다. 자라는 동안 얼굴 한 번 안 비치던 부모가, 장성한 자식 앞에 나타나 자립정착금과 디딤씨앗통장*을 빼앗는 경우는 너무 흔해서 '발에 채일' 정도라고 한다. 부모가 돈을 다 뺏고 내쫓은 탓에 고시

• 후원자가 내는 후원 액수만큼 정부가 월 최대 5만 원까지 1:1 지원해주는 아동발달 지원 계좌.

원에서 겨우 살아가는 청년을 노주현 씨가 직접 목격한 것도 여러 건이었다. 어느 자립전담요원이 노주현 씨에게 들려준 이야기는 충격적이었다. 한 청년이 자립하여 엄마의 집을 찾아갔을 때 현관문 비밀번호가 바뀐 것을 알게 됐다. 엄마에게 전화를 했더니 돌아온 대답은 이랬다. "네가 받은 자립정착금을 입금하면 번호 알려줄게." 엄마의 말을 들은 청년이 울면서 보육원으로 전화를 했다. 그의 이야기를 들은 담당자는 막장 드라마에 나올 만한 이야기라고 탄식했다. 청년들 중 디딤씨앗통장의 돈은 '없는 돈'이라 생각하는 이들도 많다고 한다. 부모의 손으로 들어가 바로 없어질 돈이라 여긴다는 것이다. 한편 코로나19로 인해 보육원 아동들 앞으로 재난지원금이 나왔을 때는 폭주하는 부모들의 전화로 보육원 업무가 마비될 정도였다고 한다. 아동에게 나온 재난지원금을 부모 본인에게 달라는 전화였다. 언뜻 상상하기 힘들지만 이런 일이 빈번하게 일어나고 있는 것이 오늘날의 현실이다.

청년들에게 최소한의 비빌 언덕을 만드는 일 중 가장 시급한 것은 두 가지다. 첫째는 부모의 친권에 대한 관점을 명확히 하는 일이고, 둘째는 공공후견인 제도를 도입하는 것이다.

부모의 친권 남용에 대해 우리 사회는 지금껏 명확한 대책을 세우지 않았다. 부모가 양육은 하지 않으면서 당당히 부양을 요구하는 일을 사전에 방지하기 위해, 근본적 대책이 필요하다. 보호종료아동들은 보육원에 있는 동안 한 번도 방문하지 않던 부모가 연락해오면 정서적으로 쉽게 의지하고 애착을 갖는다. 부모의 요구에 의심 없이 응한 나머지 무일푼이 되기도 한다. 이런 일이 일어나는 것을 근원적으로 막기 위해, 친권을 '권리'가 아닌 '의무'로 보는 시각이 필요하다. 보육원에 입소한 아이들이 가능하면 빠른 시일 안에 부모와 함께 살 수 있도록 국가가 관여해 지원해야 하지만, 원가정 복귀가 어렵다면 법으로 정한 일정 기간의 보호 후에 입양의 기회를 주어야 한다. 부모의 사망이나 유기, 지속적인 학대의 경우는 즉시 입양을 통해 새로운 부모를 만날 수 있어야 한다.

보호종료아동들이 들려주는 이야기

미디어에서 정형화된 보호종료아동의 모습을 다루는 것은 또 다른 편견을 양산한다. 보육원을 퇴소한 후 이런 편견을 없애기 위해 노력하는 청년들이 있다. 19년간 보육원에서 성장한 후 자립한 손자영(24세) 씨는 드라마나 영화 등 미디어에 등장하는 '고아'의 정형화된 묘사에 의문을 가져왔다. 범죄자나 악인 등 극단적인 캐릭터가 많기 때문이다. 자영 씨는 아름다운재단 '열여덟 어른' 캠페인의 일환으로 '미디어 인식 변화 프로젝트'에 나섰다. 그는 최근 10년간 드라마와 영화 가운데 고아 혹은 보육원 출신으로 나오는 등장인물 46명의 특성을 분석하여 '고아의 공식' 패턴을 찾았다. 고아를 '결핍된 존재'로 인식하며 만들어진 캐릭터는 '악인, 범죄자, 야심가, 복수파, 동정의 대상, 비현실적 긍정형' 6가지로 요약되었다. 그는 영화 속의 악한 인물이 고아로 등장할 때마다 '나를 그렇게 보진 않을까?' 하는 불안을 느낀다. 또한 무한긍정의 캔디형 캐릭터가 나올 때 주변에서는 "고아라면 착하기라도 해야 하는 것 아니야?"라고 말하기도 한다.

자영 씨는 '고아'가 미디어에 재현될 때 편협하고 극단적인 캐릭터로만 묘사되는 데 문제를 제기한다. 그는 여기서 멈추지 않고 동료들과 함께 잘못된 표현을 바로잡는 작업을 하고 있다. 예를 들어 〈여름아 부탁해〉라는 드라마에서 보육원 아이한테 다른 아이들이 "가짜엄마래요, 고아래요"

하고 놀릴 때, 선생님이 제대로 대처하지 못하는 장면이 있다. 자영 씨는 이 장면을 바꾸어, 선생님이 다양한 가족 형태에 대해 설명해주면서 "가짜 가족은 없단다. 서로가 소중하면 그게 가족이야"라고 말하는 것으로 만들었다. 미디어가 함부로 덧씌우는 편견이 누구보다 열심히 살아가는 이들에게 또 다른 상처가 되지 않도록 조심할 일이다.

자영 씨의 자기소개는 이렇게 이어진다. "저는 평범한 대학생이고, 카페에서 알바를 하고 있고, 새로운 것을 배우는 데 에너지를 쏟고, 차별을 싫어하고, 혐오를 혐오하고, 다시 태어나면 나무가 되고 싶어요! 깨닫는 걸 좋아하고, 자꾸 부모님의 존재를 물어보는 사람을 싫어해요." 그의 미소 띤 얼굴에서 나오는 말들은 마치 음악처럼 들렸다. 그의 프로젝트가 세상의 인식을 조금이라도 바꿀 수 있기를 기대한다.

시설을 퇴소한 청년 박도령(29세) 씨가 각본을 쓰고 연기한 연극 제목은 〈열여덟 어른〉이다. 연극은 '열여덟 어른' 캠페인의 프로젝트 중 하나로, 박도령 씨가 겪은 보육원의 삶을 담고 있다. 연극 공연 리플렛에 적힌 각색자의 한마디가 눈에 띄었다. "'열여덟 어른'이란 말 자체가 모순이며 가슴 아프다. 그럼에도 불구하고 살아가야 한다면… 용기를 내라고 감히 말을 건네본다." 또 어느 영화감독은 이 연극에 대해 이렇게 말했다. "감히 상상할 수도 없는 보호종료아동들의 삶을 만날 수 있다."

이들이 공통적으로 쓴 '감히'라는 표현은 우리 사회가 보호종료아동을 보는 눈을 대변하는 단어인지도 모른다. 우리의 무지와 오해 탓에 소외되어 살아온 이들에 대한 미안함, 그리고 뒤늦게 관심을 갖는 일조차 주제넘어 보일지 모른다는 두려움이 그 말 속에 담겨 있다. 연극 속에서 시설 퇴소를 앞둔 친구의 죽음과 그 원인을 찾는 이들의 분투라는 큰 줄거리도 가슴에 남았지만, 이에 못지않게 와 닿은 것은 일상의 묘사다. 밤중에 부엌에서 라면 끓여 먹는 자유조차 누려보지 못한 탓에 남들의 일상이 그들에게는 '이벤트'로 보였던 현실, 보육원에 온 봉사자들이 눈물을 흘리며 다시 오겠다 하고는 약속을 지키지 않았을 때 느꼈던 배신감 등… 어쩌면 삶의 흔적은 사소한 일상 속에 더 뚜렷이 새겨지는 게 아닐까.

박도령 씨는 정확히 언제부터 보육원에서 살았는지 기억하지 못한다. 가끔 부모가 만나러 오는 아이들을 보며 부럽기도 했고, 자신은 부모를 언제쯤 만날 수 있을까 생각도 해봤지만 철이 들면서 이런 기대는 없어졌다. 고등학교 졸업과 동시에 보육원을 나올 때 짐은 박스 하나가 전부였다. 그는 세상에 수없이 많은 편견이 있지만 '어쩐지'라는 말이 가장 힘들었다고 한다. 손이 부르틀 정도로 일하다 퇴직을 결심한 친구에게 "어쩐지 보육원 출신이라 끈기가 없다"고 말하는 사람들도 있었다. 어쩌다 보육원 퇴소 사실을 말하면 주변 사람들은 지나치게 미안해하거나 싸늘한 반응을 보였다. 늘 반복되는 힘든 생활을 벗어나 연극을 하면서 많이 편안해졌다는 박도령 씨는 이 연극이 마지막 대사 한마디를 위해 만들어졌다고 했다. "우리도 당신들과 똑같다."

박도령 씨는 생부모에 대해 이렇게 말했다. "저는 입양인들과는 관점이 달라요. 입양된 사람은 가정이란 환경 안에 놓이고 가족이 생기죠. 그러다 보면 혈연을 찾고자 하는 마음도 커질 수 있다고 봐요. 그러나 보육원이라는 환경은 가정이 아니라 하나의 '무리'예요. 작은 사회로 봐도 무관한 곳이라, 여기서 이미 치이고 사건도 많이 겪죠. 굳이 혈연을 찾을 이유도, 찾고픈 마음도 없어요. 생부모가 재혼해서 아이가 있을 수도 있는데 찾아가 따질 것도 없고 달라질 것도 없죠."

부모의 손길에서 벗어나 성장한 이들은 자신만의 방식으로 '가족'에 대한 생각을 정리한다. 부모와 따뜻한 재회가 있으면 더없이 좋겠지만 적어도 부모가 이들을 더 힘들게 하는 일은 없어야 한다. '구하라 법'* 제정의 필요성이 대두되는 이유이다.

울타리를 만드는 사람들

종교단체를 중심으로 보호종료아동을 위해 헌신하는 이들의 얘기를 들어보았다. 샘물교회에서 시작된 '선한울타리' 사람들이다. 교회의 집사인 최상규 씨가 2014년 첫발을 뗀 일이 이제는 다섯 곳의 교회로 늘어났다.** 샘물교회 교인 중 30여 가정이 입양가정이고, 최상규 씨도 셋째와 넷째 자녀를 입양했다. 자신의 아이들도 입양되지 않았다면 만

---

* 연예인 구하라 씨가 사망한 후 갑자기 나타난 생모가 재산을 상속한 사건을 계기로 상속결격 사유에 '부양, 양육의 의무를 현저히 게을리 한 자'를 추가한 상속법 개정안. 2021년 6월 15일 국무회의를 통과해 21대 국회에 상정되었다.

** 지구촌교회, 남서울은혜교회, 광민셀교회, 뉴비전교회, 자양교회(2019년 사역 중지).

18세에 자립해야 했을 거라는 데 생각이 미치자 가슴이 저릿해져 이 일을 시작했다.

선한울타리는 신앙 훈련과 멘토링, 주거·취업·법률 지원까지 보호종료청년을 위해 전반적 돌봄을 제공하는 단체로 성장하고 있다. 지금까지 이 단체에 입소한 청년은 36명이고, 2021년에 새롭게 센터를 준비하는 교회들도 있다. 선한울타리에 입소한 대부분의 청년들은 교회에서 정해준 멘토들과 친밀한 관계를 맺으며 직장 또는 대학을 다니고 있다. 어느 정도 자립 준비가 된 청년들에게는 LH(한국토지주택공사) 전세임대 제도를 통해 교회 인근에 주거 공간을 얻도록 도와주고 가구와 가전, 생활용품 등을 지원하여 최소한의 삶의 질을 보장하도록 돕는다.

이들이 만난 보호종료아동 중에는 사기, 폭행 사건에 연루되어 수천만 원의 채무를 안게 된 경우가 두 건이나 있었다. 한 청년은 아직 보육원의 도움을 받으면서 법적 해결 중에 있다. 나머지 한 청년은 가출한 지 두 달 만에 돌아왔고 법무사인 교회 집사와 멘토의 도움으로 파산선고를 받아 채무에서 벗어날 수 있었다.

선한울타리의 도움을 받고 있는 청년들 중 대학생 김진우(가명, 25세) 씨는 현재 사업을 준비하고 있다. 일 년 전,

그는 '브라더스키퍼 Brother's Keeper'라는 회사의 모임에 참석했다가 선한울타리와 연결되었다. 선한울타리를 만나기 전에는 혼자 주거지를 알아보는 과정에서 의지할 곳이 없어 고생을 많이 했다. 보육원 퇴소 후 외롭고 서투른 청년들에게 멘토의 존재가 절실히 필요하다고 그는 강조한다. 국가가 다양한 지원을 해도 혼자서는 이를 찾아내기 힘든 경우가 많은데, 멘토가 있다면 안정적으로 의지하며 길을 찾을 수 있다는 것이다. 진우 씨는 선한울타리 같은 단체가 많이 늘어나길 바란다. 또한 브라더스키퍼 같은 회사들도 늘어나서 시설을 나온 청년들이 바로 취업할 수 있길 바란다고 했다. 혼자 고립된 보호종료아동들이 비행을 저지르고 나락으로 떨어지는 경우를 많이 봤기 때문에, 퇴소 후 서로의 경험을 나눌 기회가 많아야 한다고 그는 말한다.

'보호종료아동을 위한 커뮤니티케어센터(이하 '센터')'는 '아동양육시설을 나온 청년들에게 식구가 되어주는 것'을 목표로 하는 비영리단체에서 출발하여 2020년 현재 사단법인을 준비하고 있다. 센터의 마미나 팀장은 시설을 나온

● 보호종료아동에게 안정적 일자리와 정서적 자립을 지원하기 위한 사회적기업. 보호종료아동 출신인 김성민 대표가 같은 배경을 가진 후배들을 돕기 위해 설립했다.

청년들에게 경제적 지원보다 더 절실한 건 섬세한 정서적 지원이라고 말한다. 보육원 퇴소 후 밀착된 관계가 없다 보니 고립되다시피 살다가 주변 사람에게 속거나 사기를 당하는 경우가 다반사라는 것이다.

현재 보호종료아동 안지안(25세) 씨는 마미나 팀장 부부를 가족으로 여기며 함께 살고 있다. 다른 보호종료아동들도 센터의 어른들을 가족처럼 생각하며 가까이 산다. 이들은 정식으로 입양 절차를 거치지는 않았지만 공동체 안에서 끈끈한 유대관계를 맺고 있다. 아직 입양의 문턱이 높기만 한 우리 사회에서, 느슨한 관계로부터 출발해 가족이 되어가는 모습을 보는 것은 고무적인 일이었다.

절실한 대책들, 그러나

보건복지부의 '2016 보호종결아동 자립 실태 및 욕구 조사'에 따르면 이들 보호종료아동은 '보호 종결 후 가장 어려운 점'으로 경제적 어려움(31.1%), 주거 문제(24.2%), 심리적 부담(10.1%) 등을 꼽았다. 또한 한국사회보장정보원의 2019년 자료에 따르면 시설에서 퇴소한 청년 4명 중 1명은 기초생활수급자나 차상위계층인 것으로 나타났다. 이들 중 상당수는 시설 퇴소 6개월 이내에 기초수급자가 되는 것으로 파악됐다. 경제적인 어려움에도 불구하고 보호종료아동들이 가장 원하는 것은 부족한 지원금을 늘리는 것보다 '지켜줄 사람', '받아줄 어른', '대변해줄 사람' 등이었다.•

다방면으로 지원을 위한 개선책이 등장하고 있지만 사막에 물방울 뿌리는 듯한 대책으로는 해갈이 될 수 없다. 해외 사례들을 살펴보면 지원책 뒤에는 진정으로 이들의 입장에 서서 생각하는 '질문'이 존재한다. 즉, 실제 현장을 밀착된 시선으로 들여다보고 구체적인 한 사람 한 사람을 귀하게 보는 시선이 들어 있는 것이다. 우리도 이들처럼 복지를 위한 각론을 고민함과 동시에 총론에 해당되는 철학을 세워야 한다.

영국은 보호종료아동에 대해 구체적이고 선진적인 정책과 제도를 마련하여 시행하는 국가다. 특히 '머무르기Staying Put'와 '곁에 두기Staying Close' 정책[14]을 주목할 필요가 있

• Jtbc뉴스룸, 〈죽었는지 살았는지도 몰라… "손잡아줄 어른 1명만 있다면"〉에서 보호종료아동 20명에게 "자립을 위해 어떤 걸 제일 해줬으면 좋겠냐"고 물었을 때 나온 답변들.

다. 「2014년 아동과 가족법The 2014 Children & Families Act」에 의해 각 지방정부는 보호종료아동에 대해 '머무르기' 정책 시행을 의무화했는데, 당사자의 의사에 따라 자신이 성장한 시설에서 21세까지 머물 수 있도록 지원하는 내용이다. '곁에 두기' 프로그램은 시설을 떠난 보호종료아동들이 독립적으로 생활하되, 그들이 머물던 시설에서 가까운 곳에 거주하도록 한다. 마치 부모님 집처럼 보호시설을 자주 방문하면서 지속적인 지원과 안정감을 얻을 수 있도록 하는 것이다.

2018년 4월부터는 모든 보호종료아동이 25세까지 개인 상담 지원을 받을 수 있게 되었다. 정책 시행의 기준은 '합리적인 부모라면 과연 자녀들에게 어떠한 지원과 지지를 보냈을 것인가'라는 물음에 있다고 한다. 따라서 취약 계층에 대한 단순한 시혜 차원의 제도를 마련하는 것이 아니라, 사회적 기본권으로서의 지원 정책을 시행하는 것이다. [15] 이렇게 현실적인 대책이 나올 수 있었던 배경에는 '합리적 부모'로서 해야 할 역할을 영국 사회가 마땅히 감당했기 때문이다.

우리나라의 경우 아동복지법에 따라 시설아동은 만 18세가 되면 자립해야 하지만, 민법은 만 19세부터 성년으로 본다. 여기서 생긴 일 년의 간격은 보호종료아동들이 불법의 나락으로 떨어지는 단초를 제공하기도 한다. 휴대폰 개통에서부터 병원에서 수술을 받거나 부동산 계약을 할 때 미성년자라는 점이 큰 걸림돌이 되는 것이다. 몇 차례에 걸쳐 보호종료 연령을 18세에서 21세로 올리는 법안이 발의되었지만 아직 마땅한 대책이 마련되지 못했다.

최근 노인복지, 장애인복지 등 대부분의 복지가 지방자치단체에서 중앙정부로 이관되었지만 여전히 아동복지만이 지방자치단체 소관으로 남아 열악한 상황에 놓여 있다. 보호종료아동에 대한 정책은 아동복지 중에도 사각지대에 있다. 당사자의 목소리를 충분히 반영하는 데서 보호종료아동을 위한 대책을 시작해야 한다.

'보호종료아동'은 행정용어다. 호칭이 적절한지에 대해서는 당사자들 사이에서도 논란이 있다. 당사자 단체인 '고아권익연대', '고아사랑협회' 등에서 '고아'라는 명칭을 앞세웠을 때도 불편해하는 이들이 많았다. 분명한 명칭을 통해 무엇을 하는 단체인지 직관적으로 알리겠다는 목적 외에도 근본적인 이유가 있으리라 짐작한다. 고아원이라는 이름이 보육원으로 바뀐 지 오래되었음에도, 잊고 싶었던 단어 '고아'를 다시 호명하는 것은 어쩌면 우리 사회의 차별과 편견을 회피하지 않고 직시하겠다는 결의인지도 모른다. 명칭에 대한 논의만큼이나 중요한 것은 이름을 부르는 사람들의 마음가짐이다. 이에 대해 우리 사회에 질문을 던지는 이들이 있다는 것은 희망의 씨앗이 있다는 뜻이기도 하다.

정부는 2021년 7월 13일 '보호종료아동 지원강화 방안'을 발표했다. '보호종료아동'이라는 명칭을 '자립준비청년'으로 변경하고, 다각도로 지원 대책을 내놓았다. 본인이 원할 경우 만 24세까지 시설에 머무를 수 있도록 하고, 공공후견인 제도 및 자립정착금의 단계적 확대 등의 지원책을 도입하기로 했다. 아동복지법 등 관계법안 개정이 필요한 이 정책이 빠른 시일 내에 현실화되길 바란다.

5장

또 하나의
보금자리,
위탁가정

위탁양육의 유형

　가정위탁제도는 부모가 자녀를 양육할 수 없을 때 시설에 보내지 않고 일정 기간 다른 가정에서 양육하는 제도다. 1984년 영국 아동법The Children Act의 기초가 된 커티스위원회 보고서에서 가정위탁보호가 시설보호보다 바람직하다고 주장한 것이 현재의 가정위탁제도에 많은 영향을 미쳤다.[16] 우리나라는 1990년대 말 외환위기를 계기로 2003년부터 가정위탁제도가 본격화되었다.

　위탁양육의 유형에는 조부모가 양육하는 '대리양육 위탁', 8촌 이내 혈족이 키우는 '친인척 위탁', 혈연 관계가 아닌 이가 맡는 '일반 위탁', 그리고 입양기관에서 진행하는 입양대기아동을 위한 위탁이 있다.• 우리나라는 혈연관계가 아닌 일반 위탁이 극히 소수에 불과하다. 혈연 중심의 사회인 데다 홍보도 잘 안 되어 있어 일반인이 접근하기 힘든 탓이다.

가정위탁의 본래 목표는 아동이 영구적 가정을 갖기 전 한시적으로 돌보는 데 있다. 그러나 위탁기간이 장기화되고, 세심한 검증 없이 원가정 복귀가 이뤄지며, 입양으로 이어지는 비율은 극히 드문 것이 우리의 현실이다. 이와 같은 상황에서도 기꺼이 위기아동을 품에 안은 위탁부모들의 이야기를 들어보았다.

위기에 처한 아동을 보듬는 사람들

우수진(51세, 인천) 씨가 3남매의 자녀 중 막내(4세)를 위탁하게 된 과정은 우연의 연속이었다. 2018년 1월, 그는 동

• 2018년 가정위탁 현황보고서에 따르면 우리나라 전체 위탁가정은 총 8,965세대다. 그중에서 일반 위탁은 전체의 8.5%(764세대), 친인척 위탁 26.3%(2,354세대), 대리양육 위탁이 65.2%(5,847세대) 순이다.

사무소에 근무하는 지인으로부터 위험에 처한 신생아가 있다는 이야기를 전해 들었다. 미혼모의 아기인데 출생신고가 안 되어 있고, 건강에 심각한 문제가 있어 치료가 필요하며, 생모의 양육 의지도 부족하여 유기될 위험에 처해 있다고 했다. 동사무소로부터 딱한 사정을 전해 들은 수진 씨는 다른 조치가 취해지기 전 한 달 동안만 아기를 돌봐주기로 했다. 임시보호 한 달간 폐와 심장 등 건강 전반에 걸친 문제가 있는 아기를 데리고 수진 씨는 몇 번이나 응급실을 드나들어야 했다. 입양이나 시설 입소를 위해 출생신고가 필수라는 사실을 알게 된 생모가 겨우 신고를 마쳤으나, 심각한 건강상의 이유로 입양기관에서도 난색을 표했다.

어렵게 보육원에 입소했다는 소식에 아기의 상황이 궁금해진 수진 씨는 몇 달 후 보육원을 방문했다. 보육원에서는 아기가 얼마 후 폐 절제수술을 해야 하는데 너무 갓난아기라 간병인을 구할 수 없으니 돌본 경험이 있는 수진 씨가 맡아달라고 부탁을 해왔다. 결국 간병인 역할을 받아들인 수진 씨는 가정위탁제도를 소개받아 지금까지 계속 아기를 양육하고 있다.

수진 씨는 막내를 위탁하기 전, 마흔의 나이에 첫아이를 낳고 둘째를 입양했다. 입양 절차를 밟는 동안 경제적으로 넉넉지 않은 그의 형편 때문에 판사들이 시간을 끌며 고민했고 채판이 지연되는 등 힘든 과정을 겪었다. 그는 위탁양육에 대해 이렇게 말한다.

"입양의 어려움을 겪어봤기 때문에 위탁 양육 중인 막내는 만 18세가 넘으면 재판 없이 간단한 절차로 법적인 자녀가 될 것을 기대하고 있습니다. 두 아이와 막내에 대한 제 감정은 똑같아요. 우리 막내처럼 사각지대에 있는 아이들이 지역위탁제도의 도움을 받을 수 있으니 다행스럽죠. 걱정되는 점은 생모의 성을 유지해야 하기 때문에 학교에 들어가면 어려운 상황이 생길 수 있다는 거예요. 어떻게 상처를 최소화하며 키울 수 있나 고민 중입니다. 아이에겐 상황을 알려주더라도 굳이 불필요한 노출을 하고 싶지는 않으니까요."

수진 씨는 위탁제도가 유연성을 발휘해서 원가정 복귀가 어려운 경우를 위한 세심한 대책을 세워주길 바란다고 했다.

박희진(가명, 부산) 씨는 전문적 돌봄이 필요한 아동을 위탁하면서 자신의 경험을 바탕으로 지자체의 정책 변화를 이끌어냈다. 그는 15년 동안 여러 아이들을 위탁해온 '베테랑' 위탁모이며 위탁교육 강사로도 활동하고 있다. 2018년,

희진 씨는 부산시 시범공모사업으로 학대 피해아동을 위탁 양육하게 되었다. 초등학교 5학년 여아로 보육시설에서 생활하다 또래 아이들에게 폭행을 당한 경우였다. 생활지도원의 눈길이 닿지 못한 상황에서 벌어진 일이었다. 희진 씨의 가정으로 온 아이는 혼자 자는 것을 두려워 했고 자다가 소리를 지르거나 저항하고 숨는 일이 이어졌다. 희진 씨는 아이와 함께 자기도 하고 아이를 다독이면서 심리치료를 진행해왔다. 현재 중학생이 된 아이는 서서히 나아지는 중이다.

희진 씨는 자신의 위탁 경험을 바탕으로, 일정 수준의 수당 지급 등 위탁가정에 대한 특별지원을 담은 정책 변화를 제안했다. 그 결과 부산시에 본격적으로 전문위탁제도가 도입되었다. 전문위탁제도는 만 2세 이하(36개월 미만) 영아, 학대피해 아동, 경계선 지능 아동 등 전문적이고 특별한 보살핌이 필요한 경우 최대 1년간 매월 전문가정위탁 양육수당을 추가로 지원하고 심리치료비, 상해보험료 등을 지원하는 제도다. 이 범주에 속한 아동을 양육하기 위해서는 일반적인 위탁보다 더 특별한 사전지식과 전문성, 사명감이 필요하다. 특히 피학대아동의 적응을 돕기 위해서는 다각도로 세밀한 대책이 있어야 한다. 전문위탁가정이 되려면 3년 이상의 위탁부모 경력이 있어야 하며 추가로 20시간의 교육을 이수해야 한다. 고난도의 돌봄이 필요한 아동을 위한 제도이니만큼 실질적 지원을 더 늘려야 할 것이다.

박희진 씨는 말한다. "보호해야 할 아동이 생겼을 때 사회적인 문제임에도 개인적 가정사로 치부하는 것에 저는 동의할 수 없습니다. 우리 주변에는 이런 아이들이 정말 많아요. 이 아이들을 각 가정에서 한 명씩만 맡아 키워주면 되지 않을까요. 저는 '내 아이의 친구를 양육한다'고 생각하고 키우라고 주변에 홍보를 해요. 그리고 전문위탁제도 수준의 지원이 일반 위탁에까지 확대돼야 해요. 일반위탁가정에도 이 정도의 관심과 지원을 해주면 좀 더 수월하게 양육할 수 있을 거예요."

이들의 이야기를 들으며 반드시 마련해야 할 대책을 생각해보았다. 첫째, 전문위탁제도의 활성화가 시급하다. 박희진 씨의 말대로 전문 위탁 수준의 지원을 일반 위탁에까지 확대하라는 것이 현장의 절박한 요구이다. 그만큼 일반위탁가정에 대한 정부 지원이 지극히 부족한 것이 현실이다. 둘째로 원가정 회복을 위한 명확한 프로그램이 있어야 한다. 지금은 생부모가 아동의 복귀를 원하면 경제적 상황만 확인하고 아이를 원가정으로 돌려보내는데, 위탁가정 심사 이상으로 원가정도 엄격한 심사를 거쳐 정서적, 경제적 준비 여부를 반드시 검증해야 한다. 셋째, 위탁부모의 지위가 동거인에 불과하여 아동의 통장이나 여권 발급 등이 어려운 점, 학교 서류에 위탁부모와 아동의 성이 달라서 생기는 불편한 점 등 현실을 세심히 살펴 해결책을 강구해야 한다. 넷째, 친권자가 일정 기간 자녀 면접과 부모교육 이수의 의무를 다하지 않는다면 친권 박탈 후 입양을 추진해야 한다.

또한 위탁가정이 입양을 원할 경우, 미국의 정책을 참고할 필요가 있다. 미국은 특수 지원이 필요한 아동의 범주에 '장기간 위탁보호를 받고 있는 아동'을 포함시키고, 위탁 중인 아동이 입양되었을 때 위탁비용을 그대로 지원한다.[17] 우리 사회가 지나치게 원가정 신화에 사로잡혀 있는 것이 아닌지 진지하게 돌아봐야 할 대목이다. 위탁 기간의 장기화, 위탁가정의 현실을 고려하지 않은 재정 지원, 그리고 원가정 복귀에 대한 빈약한 대책 등 살펴봐야 할 것이 참으로 많다.

위탁은 단순한 봉사가 아니라 아동복지의 중대한 축을 담당하는 일이다. 그럼에도 입양대기아동을 정해진 기간 동안 위탁하는 위탁가정은 여러모로 어려움을 겪는다.

위탁모 강은정(49세, 인천) 씨는 두 아이를 입양해서 키우는 엄마로, 2018년부터는 입양대기아동을 위한 위탁도 시작했다. 2018년 초 입양특례법 개정 논의가 시작되면서 입양이 위축될 거라는 위기감이 팽배해졌고*, 시설에 남아 있는 아기들에 대한 연민으로 위탁가정을 자임한 것이다.

국내에선 여아에 비해 남아의 입양이 어렵다. 대부분의 부모가 여아를 선호하기 때문에 많은 남아가 해외로 입양된다. 은정 씨는 입양 전에 한 아이라도 시설이 아닌 가정에서 따뜻한 보살핌을 받게 하고 싶었다. 여아였던 첫 아기는 위탁 두 달 만에 국내가정으로 입양되었다. 그러나 남자아이인 두 번째 아기는 생후 5개월에 와서 16개월 동

● 남인순 국회의원이 발의한 '입양특례법 전부개정안'은 민간 기관의 입양 업무 배제, 해외입양인의 입양정보 공개 요청권 신설, 입양숙려기간 연장 등의 내용을 담고 있어 입양 문턱을 높이고 절차가 지연되는 우려를 낳고 있다.

안 은정 씨 가족과 함께 지낸 후 2019년 가을, 미국으로 떠났다.

은정 씨는 아이가 자랐을 때 한국에서 많은 이들이 자신을 사랑했음을 알기를 바라며 아이에게 손 편지를 쓰면서 주변 사람들에게도 아이를 위한 편지를 써달라고 부탁했다. 자라서 한국이란 나라를 알 수 있도록 아이와 함께 전국의 아름다운 곳을 여행하며 사진을 찍어 앨범도 만들었다. 미국의 입양부모는 은정 씨 가족에게 지금도 SNS로 아이의 소식을 전하고 있다. 은정 씨는 자신을 한국 엄마라 칭한다. 아이가 한국을 방문할 때 언제라도 엄마 집을 찾길 바라며 전화번호도 바꾸지 않을 계획이다.

지방에서 위탁양육되던 아기는 만 6개월 무렵 수도권의 위탁가정으로 이동한다. 대사관, 공항 등 해외입양 관련 기관의 방문을 쉽게 하기 위해서다. 한편으로 예비 입양부모가 많은 서울 경기지역에서 국내입양을 시도해보고, 안 되면 바로 해외입양으로 전환해서 추진한다. 따라서 지방 위탁가정은 힘든 신생아 양육을 감내하고 애착이 형성될 무렵 이별을 하는 경우가 대부분이다.

위탁가정 인터넷 커뮤니티를 통해 지방에 거주하는 위탁모들의 경험을 물었다. 신보배(38세, 부산) 씨는 말한다.

"위탁모에겐 아이를 떠나보내는 것으로 끝이 아니라는 걸 알아주셨으면 해요. 지방에 있는 저희는 해외입양을 위해 서울로 보내면 그걸로 마지막인 걸 알게 되었습니다. 하지만 아기가 떠난 후에도 서울의 위탁모들과 소통하고 싶고 입양 서류에도 마지막 위탁모와 함께 이름이 올라가기를 소망합니다." 그는 위탁 종료 후 심리치유 프로그램이 필수라 말하며 덧붙였다. "아기가 온 후 잠도 못 자고 힘들게 키우며 사랑했습니다. 그런 아기를 보내는데 어느 누가 힘들지 않을까요. 보내고 집으로 들어오는 순간 아기 이름부터 불러봅니다." 그는 한 달에 한 번, 아니 석 달에 한 번이라도 아기가 크는 사진을 보고 싶다며, 생일 전후에는 영상통화 한 번이라도 할 수 있길 원했다.

김진영(가명, 대전) 씨는 말한다. "돈을 바라고 위탁가정을 신청하시는 분은 결단코 없을 거예요. 위탁하려면 자격조건이 매우 까다롭기 때문에 아무나 하지도 못해요. 잘하고 못하고를 떠나 위탁가정은 아기가 좋은 입양부모를 만나게 되길 바라는 마음이 가장 크고, 헌신과 봉사를 하고자하는 사람들입니다. 봉사자로 아기 인생의 첫 가족이 되어준 가정으로 인정해주세요. 주기적으로 아기가 건강하고 행복하게 사랑받으며 자라고 있음을 알 수 있도록 서로 소식이라도 전할 수 있게 해주세요."

　최정원(48세, 부산) 씨 역시 갑작스레 아기를 떠나보내야 하는 지방 위탁가정의 어려움을 말했다. "부산에서 내 자식처럼 키우다가 며칠 후 갑자기 아기를 서울로 보내야 한다고 통보를 받았어요. 미리 알려주지 않고 알 수도 없어요. 국내입양이 힘든 경우, 서울에 위탁모 자리가 생기면 지방에 있는 아기들은 갑자기 상경해야 해요. 부산에 있는 저희는 그냥 통보받는 거죠. 이런 상황이 너무 힘듭니다."

　입양 절차에 따라 아이들이 떠나고 난 후 위탁모들이 겪는 고통은 누구도 짐작하지 못한다. 위탁가정에 대해 심리치료 지원이 절실하다. 일차적으로 상담사가 가정에 방문하여 일대일 상담을 하고, 이후에는 그룹상담을 통해 위탁모들이 아픔을 공유하는 자리를 마련하는 것이 좋을 듯하다. 특히 위탁가정에는 위탁모만 있는 것이 아니라 형, 누나 등 함께 지냈던 아이도 있을 수 있다. 한 초등학생 아이는 위탁 아기가 떠난 후 라디오 음악을 듣다 울음을 터뜨렸고, 검은 차가 와서 아기를 데려간 장면이 잊히지 않는다고 호소했다. 또 다른 아이도 일 년 동안 같이 살았던 아기가 입양 된 후 "엄마는 왜 입양 안 했냐"며 울면서 아기를 다시 데려오라 했고, 충격으로 일주일간 고열에 시달리기도 했다. 위탁 동생을 떠나보낸 아이들의 심리치료도 꼭 필요하다.

위탁부모들은 입양 보낸 이후에도 아이의 소식을 받아보기를 간절히 바란다. 물론 연락 여부의 결정권은 입양부모에게 있지만, 위탁가정과 입양부모가 서로 연락을 하면 아이를 양육하는 데도 많은 도움이 된다. 아기의 수면 환경, 이유식 습관, 건강 문제 등 구체적인 상황뿐 아니라 아기가 다치거나 병을 앓았던 이력에 대해 자세한 정보를 빨리 정확하게 전할 수 있기 때문이다. 해외입양의 경우 언어와 생활습관이 이미 굳어진 만 2세 정도에 한국을 떠나는 아기들이 많기 때문에, 위탁모의 조언은 든든한 지원군 역할을 한다. 서로 연락을 주고받고자 하는 의사가 있는지 알아보고, 원할 경우 위탁가정과 입양부모가 연락할 수 있게 하면 좋을 것이다.

생부모의 권리를 어디까지 인정할 것인가

미국의 위탁제도에서 원가정 복귀율은 56%, 입양은 27%에 달하고(표6), 위탁기간도 대략 20개월 정도이다. 우리나

항목	아동 수 (명)	비율 (%)
가정 재결합	242,800	56
다른 친척과 생활	12,141	3
입양	114,406	27
장기 위탁	9,012	2
자립	17,147	4
후견인	15,265	4
미확정	19,481	5

[표6] 2017 미국의 가정위탁 아동의 이후 진로
출처_'The AFCARS Report' https://www.acf.hhs.gov

구분	계	친가정복귀	양육시설입소	일시보호시설입소	그룹홈입소	소년소녀가정세대책정	입양	진학	취업	군입대	자립준비		기타
											보호종료	연장종료	
계	1,795	317	42	15	15	4	15	10	334	19	290	463	271
	100	(17.7)	(2.3)	(0.8)	(0.8)	(0.2)	(0.8)	(0.6)	(18.6)	(1.1)	(16.2)	(25.8)	(15.1)
대리양육	1,130	192	17	8	7	1	–	6	211	15	202	299	173
	100	(17.0)	(1.5)	(0.7)	(0.6)	(0.1)	–	(0.4)	(18.7)	(1.3)	(17.9)	(26.5)	(15.3)
친인척	538	70	15	3	3	2	6	3	112	4	82	155	83
	100	(13.0)	(2.8)	(0.6)	(0.6)	(0.4)	(1.1)	(0.6)	(20.8)	(0.7)	(15.2)	(28.8)	(15.4)
일반	127	55	10	4	5	1	9	2	11	–	6	9	15
	100	(43.3)	(7.9)	(3.1)	(3.9)	(0.8)	(7.1)	(1.6)	(8.7)	–	(4.7)	(7.1)	(11.8)

[표7] 2018 가정위탁보호 현황보고서 (단위: 명, 괄호 %)
출처 _ 아동권리보장원

라의 경우 2018년 가정위탁보호 현황보고서에 따르면, 원가정 복귀율은 17.7%, 입양 0.8%라는 참담한 결과를 보이고 있다(표7). 더 놀라운 것은 우리나라의 평균 위탁기간이 5년 11개월이나 된다는 점이다. 영구적 가정을 찾기 전 일시보호 역할을 한다는 위탁제도가 본래 목적에서 크게 벗어나 있지 않은가?

앞서 소개한 박희진 씨는 피학대아동뿐 아니라 친인척 위탁도 함께 하고 있다. 2006년, 미용사로 시설에 봉사를 다니던 희진 씨는 어느 날 시설 내 일시보호소의 계단 밑에 한 아이가 눈물이 그렁그렁한 채 쪼그리고 앉아 있는 것을 발견했다. 순간 가슴이 철렁 내려앉으며 자신이 아이의 엄마가 돼주고 싶다는 생각이 스쳤다.

아이는 동생과 함께 길거리에서 큰 가방을 멘 채 발견되었다고 한다. 자매인 두 아이를 데려오려면 법적 보호자가 있어야 하기에 아이들이 발견된 상황을 역추적해서 조부모의 전화번호를 알아냈다. 먼저 가족과 상의한 후, 조부모의 허락을 얻어 아이들을 데려오게 되었다. 그날 남편이 함께 갔더라면 아이들의 조부가 남편의 외삼촌인 줄 알았을 텐데, 그때만 해도 희진 씨는 그 아이들이 친척임을 짐작도 못했다. 기막힌 우연이었다.

초등학교 2학년 때 큰아이가 학교에 가족소개서를 써
낼 때 위탁부의 성을 자신의 성과 같게 바꿔 쓰는 걸 본 이
후 아이와 얘기를 나누었다. 남편이 위탁아빠인 자신의 성
을 따라 입양되면 어떻겠냐고 권유했을 때 아이가 답했다.
"낳아준 아빠가 나중에 찾아왔을 때 내 성이 바뀌어 있으
면 실망할 거예요"라고. 기억 속에 희미한 생부라도 아이
에게 소중할 수 있음을 알고 부부는 아이의 의견을 존중해
주기로 했다.

그러나 2014년, 갑작스레 나타난 아빠를 만났을 때 작은
아이는 큰 충격을 받았다. 희진 씨를 엄마라 부르며 살아
왔는데 정확한 설명을 들을 틈도 없이 생부를 상봉했던 탓
이다. 오랜 시간 연락두절이었던 생부는 상봉 이후 2년여
동안 지속적으로 연락을 해왔고, 조부모도 "애비가 돌아왔
는데 아이들이 있으면 더 맘 붙이고 살 것 같다"면서 원가
정 복귀를 종용했다. 희진 씨는 생부를 신뢰할 수가 없었
지만, 친척들과 아이들 모두 생부에게 돌아가기를 원했다.
그렇게 돌아간 아이들은 바로 사춘기를 맞았고, 일하러 다
니기 바쁜 아빠는 아이들을 방임했다. 큰아이는 그나마 자
기 앞가림을 할 수 있는 고등학생이었지만 작은아이는 초
등학교 5학년부터 중학교 2학년까지의 사춘기를 오롯이

혼자 겪어야 했다.

결국 학교에서 여러 문제가 터졌고 아이가 등교거부까지 하게 되었다. 담임교사의 연락을 받고 희진 씨가 학교를 찾아가 보니 상황이 심각했다. 남편과 함께 아이들의 생부를 만났다. "상황이 어려워도 아이가 이겨내야 한다"는 생부의 말에 참다못한 남편이 "네가 애들을 키워선 안될 것 같다. 우리가 다시 데려가 키워야겠다"고 하자, 생부는 "내 자식 내 맘대로 하겠다는데 왜 그러냐"며 화를 냈다. 싸움이 날 것 같아 둘째아이를 불러 선택을 하라고 하자 아이의 답은 눈물겨웠다. "아빠와 사는 것도 좋겠지만 여기서 살면 죽을 것 같아요. 지금 우리를 못 데려간다면 다른 위탁가정이라도 소개해주세요." 희진 씨는 2년 반 만에 다시 아이들을 데려왔다. 아이들은 심리치료를 받으며 안정을 되찾아가고 있다.

친인척 위탁은 생부모가 아이를 키우겠다고 하면 한 달안에 서둘러 돌려보내는 것이 관행이다. 일반 위탁의 경우원가정 복귀 때 부모교육 이수와 경제적 조건 확인 외에는면밀히 점검하는 과정이 없다. 생부모가 준비돼 있지 않다면 돌아간 아이들이 더 큰 상처를 받는다는 것을 많은 이들이 증언해왔다. 위탁가정 조건 심사 이상으로 원가정 상황을 꼼꼼히 검증해야 하지 않을까? 원가정 복귀 전 생부모의 양육자 적격 여부를 심사할 것을 제안한다.

우리나라는 친권이 강한 탓에 원가정 우선 정책을 무작정 따르다가 많은 아이들이 희생되고 있다. 아동복지법 제4조 3항은 '아동을 가정에서 분리하여 보호할 경우에는 신속히 가정으로 복귀할 수 있도록 지원하여야 한다'고 말한다. 이 조항을 근거로, 원가정을 회복시키는 구체적 방안 없이 단순 복귀를 원칙으로 삼는다면 아이들을 보호하는 시스템은 제구실을 못하고 악순환에 빠질 것이다.

시설과 마찬가지로 위탁제도 또한 영구적인 가정을 제공하지는 못한다. 임시보호를 위한 위탁이 5년, 10년씩 장기화되는 현실을 생각할 때 위탁가정에 아이들이 머무는 시간을 최소화하기 위한 노력은 꼭 필요하다. 그러나 아이들의 삶에서 중요한 시기를 맡고 있는 위탁가정에 대한 관심과 지원도 시급하다. 위기에 처한 아이에게 일정 기간 곁을 내어준 위탁가정의 헌신 덕에 아이들은 평생의 자양분을 얻는다.

미국의 한 입양모가 한국에 있는 위탁모에게 보낸 편지는 위탁가정이 어떤 의미인지 잘 보여준다. 그가 새로 배운 한글로 공들여 눌러 쓴 편지에는 이런 내용이 담겨 있었다. "당신이 저의 아들에게 주신 사랑에 깊이 감사드립니다. 당신은 놀라운 사람이고 항상 저와 제 아들의 삶의 일부일 것입니다. 앞으로도 당신과 다시 함께할 수 있길 바랍니다. 제 모든 사랑과 감사를 보냅니다."

위탁가정은 아이에게 또 다른 가족이며, 그 온기는 새로운 가정으로 이어진다. 한 아이의 삶에 큰 힘이 되는 가정위탁에 사회의 관심과 지원이 더 넓고 깊어지기를 바란다.

6장

'입양'으로
맺어진
새로운 가족

입양, 새로운 관계 맺음

초등학생 시절, 아들이 어느 날 사전을 뒤적이다가 말했
다.

"입양 뜻이 왜 이래? 남의 아이를 자신의 자식으로 삼는
것이 입양이라고 나와 있어."

나와 얘기를 나눈 뒤 아들은 출판사 편집부에 전화를 걸
었다.

"제가 국어사전을 보다가 입양이란 말의 뜻을 봤는데요.
설명이 잘못 나온 것 같아서 전화했어요. 남의 아이를 자
기 자식으로 삼는 건 입양이 아니라 납치거든요."

전화를 건네받은 나는 편집자에게 그 정의가 왜 잘못되었는지 얘기했다. 편집자는 혹시 대안이 될 만한 다른 견해가 있는지 물었다. 먼저, 입양은 '남의 아이'를 대상으로 하지 않는다고 말했다. 출산했다고 해서 아이가 자동적으로 소유물처럼 되는 것이 아니라, 자식으로 받아들여 부모로서 권리와 의무를 다하겠다고 할 때 비로소 관계가 성립되는 것이라고. 내가 생각하는 입양의 정의는 '아이에 대한 친권을 옮겨오는 법 절차를 거쳐 부모-자식 관계를 맺는 것'이다.

딸 민이가 세 살 때 갑작스런 병으로 세상을 떠나고 얼마 후 입양 생각을 했다. 보상심리에서 비롯된 생각은 잠시나마 숨 쉴 틈을 주는 듯했으나 그게 답이 아님은 알고 있었다. 심한 상처를 치료하지 않은 채 붕대로 둘둘 감아놓은 느낌이었다. '가슴속 빈자리를 채우기 위해 다른 아이를 입양하려는 게 아닌가?' 스스로에게 물음을 던졌다.

어느 날, 동생이 하는 말에 가슴이 덜컥했다. "입양을 한다면 아들이 어떨까? 딸을 입양하면 민이와 자꾸 비교하게 될 것 같은데…." 당연히 여자아이를 입양하리라 생각하고 있던 나는 숨겨진 마음을 들킨 것 같았다. 딸아이 입양을 생각한 건 민이의 모습을 다시 찾아보려는 갈망이었다.

보육원 봉사활동을 시작하면서 그곳 수녀님께 고민을 말했다.

"입양하고 싶은 생각은 크지만 이런 마음으로 해도 될까요? 치유될 때까지 더 기다려야 하나요?"

수녀님이 답했다.

"자녀의 죽음을 겪은 부모님이 성급히 입양을 하는 건 좋지 않지요. 그렇다고 해서 무작정 오래 기다려야 하는 것은 아닙니다."

대부분의 예비 입양부모들은 일종의 자기 검열을 거친다. '아이 입장을 우선 생각하지 않고 내 욕심으로 입양하는 것이 옳은 일일까?', '내가 낳은 자녀에게 동생을 만들어주고 싶어 입양한다면 비윤리적인 걸까?', '더 좋은 부모에게 갈 수 있는 기회를 빼앗은 건 아닐까?' 이런 고민들은, 입양이 쉽게 선택할 수 없는 일이고 대단한 사명감을 가져야 가능한 일이라는 생각에서 비롯된다.

하지만 이기심 자체는 자연스러운 것이다. 결혼이나 출산도 누구든 자신의 욕심으로 선택한다. 내 이웃이 나보다 잘살고 인품이 좋다고 해서 출산의 기회를 그쪽에 양보하지 않는 것처럼, 입양 역시 자식을 키우고 싶은 이기심에 바탕을 두는 게 당연하다.

오로지 이타심과 봉사정신으로 입양하겠다는 생각이 파국을 불러오는 경우도 보았다. 보육원 봉사를 다니던 한 독실한 기독교 신자의 이야기다. 그는 자신의 삶에 부족함이 없다고 여겼지만 신앙에 따른 선행을 하고자 아이를 입양했고, 양육 과정에서 아이와 심한 갈등을 겪다가 결국은 조기유학을 보내게 되었다. 지금도 그는 성인이 된 자녀를 원망한다. "그토록 많은 것을 주었는데 왜 아이가 저렇게 된 거지?"

많은 것을 주었으나 가장 중요한 것을 주지 못했다는 사실을 그는 알지 못했다. 그건 바로 '나는 너를 원해서 입양했다'라는 저변의 동기를 인정하고, 부모 자식 간 진심을 공유하는 일이다. 입양은 자선도 신앙의 실천도 아닌, 적당히 이기적인 보통 사람들의 선택이란 걸 알았다면, 그래서 아이와의 갈등을 자신을 돌아보는 계기로 삼았다면 어땠을까? '내가 이렇게 큰 사랑을 베풀었는데 네가 어찌 이럴 수 있느냐'라는 생각이 바탕에 있으면 자녀와 좋은 관계를 맺기는 힘들다.

입양가정에서 불임인 부부가 큰 비율을 차지한다는 이유로 다수의 입양 동기를 불임이라 못 박는 것도 섣부른 얘기다. 불임이라서, 유산되어서, 사별을 해서… 남다른 사연이 있는 이들이 입양을 차선책으로 택하는 것이라고 흔히 생각한다. 그러므로 낳은 자녀가 있거나 불임이 아닌 이들이 입양을 하면 칭송하는 일까지 벌어진다.

불임이란 말로 입양 동기를 묶는 순간 그 안에 있는 다양한 배경은 무시된다. 누군가에게 결혼 동기를 물었을 때 '미혼이라서 결혼했다'고 대답한다면 이상하지 않은가? 불임이 입양에 앞선 상황이나 조건은 될 수 있으나 전적인 동기라 말하는 건 지나치다. 중요한 결정을 내리기까지 거치는 복잡한 과정 가운데 생물학적 원인에만 초점을 두는 오류에서 벗어나야 한다.

모든 입양의 궁극적인 동기는 '자녀를 원하기 때문'이다. 입양부모가 아이에게 '엄마가 아기를 낳지 못해서 널 입양했어'라는 말은 피하는 것이 좋다. 임신할 수 있었더라면 입양하지 않았을 거라는 뜻이 되어 아이에게 상처를 줄 수 있기 때문이다. "아기를 정말 키우고 싶어서 널 입양했어"라고 말하는 것이 좀 더 적절한 답변이다.

불임인 어느 한국인 부부가 서구에서 살다가 한국에 잠시 돌아왔을 때, 지금껏 전혀 겪어보지 못한 심한 스트레스를 경험했다고 한다. 그 나라에서는 아이가 없는 부부에게 왜 아이를 낳지 않느냐, 시험관 시술은 해봤느냐 꼬치꼬치 묻는 일이 없을 뿐더러 그런 사람이 있다면 이상한 취급을 받을 거라고 했다. 그러나 우리 사회에선 일상적으로 이런 무례함이 자행된다. 어쩌면 불임에 따르는 고통의 상당 부분은 사회적 시선에서 비롯된 것이 아닐까?

불임을 무능력과 연결지어 열등감을 갖는 우리 사회의 독특한 현상은 인식의 틀을 바꾸어 극복해야 할 일이다. "왜 결혼을 제때 안 하느냐", "왜 아이를 안 낳느냐", "둘째는 언제 낳느냐…." 혈연중심주의에 이른바 정상가족 이데올로기까지 가세하여 무례한 말들이 넘친다.

자신과 유전적으로 닮은 2세를 갖고자 하는 본능을 부정할 수 없다는 주장도 있다. 그런 본능이 불변의 진리인지도 의심스럽지만, 혈연이 아니면서 유전적 유사성을 보이는 경우를 많이 보았다. 입양가족 중에는 서로 닮은 부모 자식들이 많다. 예전에는 기관에서 비슷한 외모를 가진 아기를 연결해주어서 그렇다는 말도 있었지만, 우연히 맺어졌는데 닮은 경우도 흔하다. 오랜 시간 생활환경을 공유하다 보면 닮아가기 때문이다. 이를 '영혼의 유전자'라고 문학적으로 표현하는 이도 있다.

나는 자녀 사별과 이혼을 겪은 후 독신자 입양을 했다. 동생 부부가 가까이 살면서 입양 과정에 전폭적인 지원을 해주었다. 우려하는 사람들도 있었다. 나의 아픔에 함께했던 직장 동료들은 자신의 일인 듯 걱정했다. 부부가 입양을 해도 힘들 텐데 어떻게 독신자 입양을 하겠다는 건지, 그냥 혼자서 자유롭게 여행 다니며 사는 게 어떨지 조심스레 조언을 하곤 했다. 그러나 연로하신 아버지는 내 의사를 듣고 간단히 말씀하셨다.

"네 뜻대로 해라. 다만 잘 알아보고 해라. 큰 복이 될 수도 있고 화가 될 수도 있으니."

나는 입양가족모임 사이트를 검색하며 많은 글들을 읽고 공부했다. 입양을 쉬쉬했던 옛날과 달리 사명감을 가지고 입양을 홍보하는 가족들이 많다는 것을 알게 되었다. 예비 입양부모들이 주변의 반대가 극심해서 고민한다는 얘기도 접했다. 흔한 반대의 말들을 추려보면 이렇다. '내 자식 키우기도 힘든데 남의 자식을 어떻게 키우려고?', '기껏 키웠다가 친부모 찾아간다면 어떡할래?', '머리 검은 짐승은 거두는 게 아니야', '누구 피인 줄 알고 키우겠다는 거야?', '사람 천성은 바뀌는 게 아니야. 나중에 입양 사실을 알고 나쁜 길로 빠지면 어쩔 건데?' 등등.

아들이 초등학교에 입학 후 입양 사실을 알게 된 한 학부모는 대뜸 내게 이런 말을 했다.

"대단하시네요. 나는 내 자식 키우기도 힘든데."

내게 아들은 한순간도 '남의 자식'인 적이 없었다. 입양에 대해 "대단하다, 좋은 일 한다"라는 칭찬은, 머리 검은 짐승 거두는 게 아니라는 편견과 동전의 양면이다. 백번 양보해서 만일 입양이 선행이라면, 쌍방 선행이다. 오히려 더 감사해야 할 사람은 부모다. 입양을 한 부모에게 칭찬이 아닌 축하를 해달라는 말이 거듭 강조되는 이유다.

우리나라에서는 1999년 한국입양홍보회°가 설립되면서 공개입양운동이 본격적으로 시작됐다. 그러나 아직도 입양 당사자뿐 아니라 주변 사람들에게 입양 사실을 되도록 숨기는 것이 좋다는 정서가 지배적이다.

● 한국의 보호대상아동들이 가정을 가질 수 있기를 원하던 해외입양인 스테판 모리슨(최석춘)과, 입양아동이 건강하게 성장하기를 소망하던 국내 입양부모 한연희(전 한국입양홍보회 회장)의 만남을 통해 국내입양 홍보기관으로 출발했다. (www.mpak.org)

나는 아들의 초등학교에서 학부모들을 대상으로 입양 강의를 하면서 자연스럽게 입양 사실을 공개했다. 이후 한 지인은 군이 입양 사실을 아이의 학교에 알릴 필요가 있었냐고 나를 나무랐다. 학교에서 어떤 아이가 입양이라고 아들을 놀린 사실을 전해들은 터였다. 이처럼 공개입양은 곳곳에서 의심의 눈초리를 받는다. '입양을 공개해서 얻는 게 뭐지? 아이를 보호하려면 말하지 않는 게 좋지 않나?' 많은 이들이 하는 생각이다.

당사자에게 입양 사실을 공개하면 되지 군이 주변에까지 알릴 필요가 없다고 하는 이들이 있다. 나는 생각이 다르다. 물론 당사자인 자녀에게 공개하는 것이 핵심이지만, 아이가 처음 접하는 공적 사회인 초등학교의 구성원에게 공개하는 것이 이와 별개일 수 없다.

주변에 공개하는 것을 꺼리는 부모는 아이가 상처받거나 입양에 대해 부정적인 인식을 갖게 될까 봐 그렇다고 주장한다. 여기에 이율배반이 있다. 아이가 당당하길 바라면서 한편으로 당당해질 기회를 숨기고 막겠다는 것이다. 이와 같은 이중적 메시지는 눈앞의 상처를 피하려다 더 큰 함정에 빠지는 결과를 낳는다.

'입양을 숨기는 게 아니라 군이 드러내지 않을 뿐'이란 말도 현실적으로 불가능한 얘기다. 핏줄을 강조하고 출생 스토리에 방점을 찍는 분위기 속에서 입양 사실을 드러내지 않으려면 촘촘하게 여러 세트의 거짓말을 준비해야 한다. 초등학교 교육과정에서 임신·출산·가족관계를 다루고 있어서 자신의 태몽을 알아 오라거나, 심지어 엄마 배 속에 있을 때 찍은 초음파 사진을 가져오라 등의 숙제를 내주는 게 우리의 현실이다. 이런 교육현장에서 아이가 자신의 기본적인 역사를 숨기거나 얼버무리지 않는 것이 자존감을 갖는 첫걸음이라고 생각한다.

『부모가 알아야 할 입양인의 속마음 20가지』 저자 셰리 앨드리지Sherri Eldridge는 자녀와 입양에 관해 대화하는 방식으로 이런 제안들을 했다. "입양 사실을 누구에게 알릴 건지 네가 직접 정하렴", "엄마가 낳은 아이보다 네가 못하다는 의미로 받아들이지 않았으면 해", "입양 얘기는 우리끼리만 있을 때 하는 게 가장 좋아". 그러나 부모가 출생 스토리에 대해 이토록 조심스러워한다면 아이는 그 자체로 억압과 비밀스러움, 부정적 정서로 가득한 입양 서사를 내면화하게 될 것이다.

아들이 입양을 알아가는 학령기 전후가 되었을 때 나는 주변 사람을 포함하여 아이에게 매우 공들여 입양 사실을 공개하려고 노력했다. 두려워해야 할 것은 주변 사람들의 시선이 아니라 자신의 역사를 바라보는 아이의 시선이 비밀스런 수치심으로 오염될 가능성이기 때문이다. 만일 내가 다른 이에게 사실을 얼버무리거나 꾸며낸 이야기를 하는 걸 봤다면 아이는 이렇게 생각했을 것이다. '엄마는 나를 입양한 걸 부끄러워 하는구나.'

주변 입양부모들 얘기를 들어보면 자녀에게 "엄마는 너를 가슴으로 낳았다"고 말했을 때 아이는 실제로 엄마 가슴에서 자신이 태어나는 해부학적인 상상을 한다고 했다. 가슴으로 낳았다는 말은 아이보다 어른을 대상으로 하는 수사이다. 중학생 정도라면 은유적 표현임을 이해할 수 있겠지만, 처음 입양을 알아가는 어린아이들에게 들려주기엔 적당치 않은 표현이라 생각한다.

아들이 초등학교를 졸업한 후부터는 본인이 입양 공개여부를 결정하도록 했다. 그러나 어린 시절엔 아들이 주변에서 받을 수 있는 부정적 반응을 미리 앞장서서 막는 게 아니라, 어떻게 대처할지를 알려주는 게 나의 역할이었다. 입양 사실에 대해 험담하는 아이들이 있어 힘들어할 때 나는 이렇게 말해주었다.

"그애들은 입양에 대해 잘 몰라서 그래. 모르는 건 배워

야 하지. 네가 가르쳐주기 힘들면 엄마한테 부탁해. 설명
해줄게."

나는 아이의 학교에 일일교사를 자청해 직접 찾아갔지
만, 앞으로는 학교에 입양교육 강사를 초청하는 공식적인
제도가 활성화되면 좋겠다. 아들이 초등학교 시절에 입양
을 자신의 당당한 역사로 공개한 경험을 했기에 이후 본인
의 의사에 따라 공개 여부를 유연하게 결정하고, 그 결과가
부정적이든 긍정적이든 잘 헤쳐나갈 수 있으리라 믿는다.

모든 사람은 원리적으로 입양인이다

나와 아들 해민 사이에 입양이 가벼운 화제가 되기까지
는 지나온 과정이 있다. 초등학교 2학년 때 반 친구가 "네
엄마가 널 돈 주고 사왔지?" 하고 놀린 적이 있었다. 이를
계기로 나는 아들의 학급에 가서 입양을 주제로 수업을 했
다. 먼저, 우리 집은 해민이가 오기 전에도 이미 입양가족
이었음을 알렸다. 나의 할머니, 즉 아들의 증조할머니는
자신이 입양되었음을 주변에 거리낌 없이 얘기하셨기에
예전부터 우리는 입양가족이었다고 말이다.

아이들에게 물었다. "이 중에 해민이 말고 또 입양된 친구가 있을까?" 없다는 대답에 다시 질문했다. "그럼 엄마 아빠 중에 입양된 분이 있을까?" 없을 것 같다고 해서 또 물었다. "그럼 할머니 할아버지는?" 잘 모르겠단다. "너희들 가족 중 누군가 입양된 사람이 있을까, 없을까?" 있을 것 같다고 아이들이 입을 모아 말했다. 그래서 우리 모두는 입양가족이라 할 수 있다고 하니, 이산가족 상봉처럼 다 같이 손이라도 맞잡아야 할 것 같은 분위기가 되었다.

한민족의 역사를 살펴보면 숱한 침략전쟁에 시달려왔고, 전쟁 중 아이를 잃은 부모나 부모를 잃어버린 아이들의 숫자를 생각할 때 입양은 매우 흔한 일이었을 것이다. 이에 더해 예로부터 대를 잇기 위해 친인척이나 동네 아이를 입양했던 경우까지 고려하면 더욱 그렇다. 우리 몸속에 도도히 흐르는 것은 입양인의 피다.

이후 나는 입양을 말할 때 '물타기' 전략을 쓰곤 한다. '물타기'라는 말은 '사건의 핵심을 벗어난 사항이나 다른 사건으로 사람들의 주의를 돌리는 행위'라는 뜻으로, 꼼수를 부린다는 느낌이 담겨 있다. 그러나 편견이 많은 사회에선 한 발 비켜서서 비틀어 생각할 때 해법이 나오는 경우가 많다. '저 애는 입양아야' 이런 시선에 물타기를 하면 '우린 모두 입양가족이야'라는 공감대가 형성된다.

피는 물보다 진하다는 당연한 얘기를, 너와 나의 피를 집요하게 구분하는 의미로 활용하는 세태에 대해 본격적인 물타기를 하기로 했다. 나는 이를 농담 삼아 '물타기 정신'이라 부른다. '내 아이는 입양아'라는 표현보다 '우리는 입양가족'이라 말하는 것이 적절하다. 입양하기 전부터 나는 입양가족에 속해 있었고 앞으로도 그럴 것이라고 믿는다면 입양 편견에 성공적으로 물타기를 한 셈이다. 입양아라는 말로 아이와 나의 입장을 분리해서 생각하는 게 아니라 본래부터 너도나도 입양과 무관치 않다는 생각을 하자는 것이다.

문학평론가 김윤식 씨는 해외입양인의 혈육 찾기에 대한 글[18]에서 세상의 모든 사람은 원리적으로 입양인이라 말했다. 그의 말처럼 우리가 찾는 답은 '혈연'에 있지 않다. 내 출생 장면을 나는 알지 못한다. 내가 입양인인지 아닌지도 부모의 말에 기대어 추정할 뿐 내 눈으로 검증할 수 없다. 뿐만 아니라 당신도 나도 입양인의 후예이니 우리 모두가 입양가족이라는 것은 문학적 은유가 아닌 팩트다.

중요한 질문이 있다. '입양을 원초적 상처라 여기는 입양인과, 입양이 자신의 삶에서 그리 특별할 것 없는 과거 사실이라고 생각하는 입양인의 차이는 우연에서 비롯된 것일까?' 나는 단연코 우연이 아니라고 생각한다. 그 차이를 결정하는 것은 부모가 가진 입양 철학과 자녀를 보는 시선이 아닐까?

아이가 입양 주제를 유머러스하게 대하면서 자신의 성장 단계마다 닥쳐오는 다양한 삶의 과제를 잘 헤쳐나가기를 바란다면 먼저 부모 자신에게 이런 질문이 필요하다. '모든 생명이 존엄하다면 성폭행으로 태어난 생명도 똑같이 존엄하다고 생각하는가?' 입양가족 모임에서 이 질문을 던지면 대부분 깜짝 놀란다. 한 번도 생각해보지 않은 질문이라는 것이다. 그러나 스스로에게 거듭 물어봄으로써 입양의 이면에 숨겨진 관습적인 믿음에 대해 돌아보면 좋겠다.

어떤 입양모는 아이에게 "너의 생모는 쉽게 남자를 만난 사람이 아니었다"고 말했다 한다. '비록 미혼모이지만 정숙한 사람'이라는 메시지를 전하고자 한 게 아닌가 싶다. 이런 전제는 미혼모에 대한 편견을 바탕으로 한다. 미혼모라 할지라도 너의 생모만은 부도덕(?)하지 않다는 옹색한 자기 위안인 것이다. 이렇게 해서라도 아이의 자존심을 살려주겠다고 생각했을지 모른다. 그러나 진정한 자존감은 그렇게 초라한 전제에서 비롯되지 않는다.

입양기관에서 전해진 기록만으로 과연 생부모 삶의 내밀한 부분까지 미루어 짐작할 수 있겠는가. 또 그것이 지금 아이의 삶에 왜 중요하단 말인가. 폭력과 비윤리로 점철된 원시인류의 DNA는 지금의 우리에게 이르기까지 면면히 유전되어왔다. 누구도 유전자를 핑계로 나와 남을 구분 짓지 말아야 한다는 얘기다. 모든 변수에도 불구하고 아이는 오롯이 존재 자체만으로 존귀하다는 것이 유일하게 가치 있는 사실이다.

'물타기 정신'을 깊이 새기기 위해 종교가 말하는 생명의 평등성도 참고하면 어떨까 한다. 신학자 러셀 무어는 "기독교의 복음 전체가 입양을 말하고 있다"고 했다. 그에 따르면 신약성경은 우리가 새롭게 입양된 존재임을 일깨우고 있으며, 예수를 입양한 요셉은 우리가 본받아야 할 모델이라는 것이다.[19] 모든 존재가 신의 자녀로서 평등하다는 것이 기독교 사상의 근본이다. 불교는 한 발 더 나아가 존재의 평등을 넘어 나와 너 사이의 경계에 대해 근본적인 질문을 던진다. 불교의 핵심은 고정불변하는 나는 없으며 모든 존재는 무수한 인연의 결합으로 일어나는 임시적 존재일 뿐이라는 데에 있다.

입양 철학을 제대로 갖추기 위해 모두가 종교인이 될 필요는 없다. 그러나 인간 존재양식에 대해 고민했던 선지자들로부터 어떤 자산이든 빌려오는 것도 좋지 않을까? 그렇게 함으로써 모든 존재를 시공간의 확장 속에서 이해할 수 있을 것이다. 우리 자신이 우주에서 온 미지의 존재이며, 원리적으로 입양인이라는 이해를 한다면 입양가족의 건강한 정체성을 찾아가게 될 거라 믿는다.

성찰을 통해 역사적, 사회적, 영적으로 우리가 본래부터 입양가족이라는 것을 이해하면 내 아이를 보는 시선이 달라진다. 나의 시선이 바뀌면 사회의 편견은 부수적인 것에 불과하다. 사회의 편견이 두렵다는 말은, 내 안의 편견을 직시하기 두렵다는 말과 다름이 아니다.

입양은 원초적 상처가 아니다

임상 카운슬러인 낸시 뉴턴 베리어Nancy Newton Verrier는 저서 『원초적 상처』에서 '입양가족의 관계는 마치 깨진 접시를 붙이려는 노력과 같다'고 결론을 내렸다. 우리나라의 일부 상담심리 전문가들은 이 책을 입양상담의 교본으로 다루기도 했다. 모성에 관한 신비주의와 혈연중심 개념이 과도하게 담겨 있음에도 이 책이 일부 전문가와 입양가족에게 설득력 있게 받아들여지는 이유가 무엇인지 궁금했다.

저자는 입양인과 생모 사이의 원초적이고 신비롭고 오묘한 유대감이야말로 입양가족이 맺는 유대의 장애물이라고 주장한다. 한마디로 혈연의 절대적 결속성은 다른 어떤 인간관계보다 강력하다는 말이다. 한 입양부모는 이 책을 읽고 이렇게 고백했다. 책을 알기 전에는 해석이 안 되었던 자녀의 슬픔과 분노가 이해되었고, 앞으로 아이의 상실에 대해 공감하고 함께 슬퍼하는 것이 치유의 열쇠라 믿게 됐다고 말이다. 나는 그의 고백이 여러 가지 면에서 안타까웠다. 지름길이 있는데도 멀리 돌아가며 그 길만이 유일하다고 생각하는 것처럼 보여서다.

입양가족으로 한국에서 살아가는 일은 녹록지 않다. 사회적으로 부정적인 피드백을 거듭 받다 보니 입양부모들은 내 아이에게 문제가 있다 싶으면 '입양 탓인가?' 하고 두려워한다. 물론 입양에서 비롯된 어려움으로 도움이 필요한 경우도 있다. 아이가 만 1세가 지나 입양됐거나 부모가 공개입양 방식을 제대로 이해하지 못해 아이에게서 부정적 반응이 나타나는 경우다.

입양 진행 시간이 길어져 돌이 지나 입양한 연유로, 아이에게 애착문제가 생겨 적응하는 데 어려움을 겪는 가정을 주변에서 보아왔다. 이럴 때는 일정 기간 전문가의 도움이 필요하다는 의견에 동의한다. 그러나 '입양인은 평생 동안 발달단계에 맞춘 치유가 필요하다'고 말하는 전문가들에 대해서는 다시 생각해보게 된다. 진정으로 내담자의 치유를 위한 권고인지 산업화된 상담산업의 일환인지 의아하기 때문이다.

나 역시 아들을 양육하면서 전문가의 상담과 놀이치료를 자주 접했다. 그러다 내린 결론은 '제대로 된 상담가를 만나지 않으면 큰일나겠구나!' 하는 깨달음이었다. 진정한 치유보다 자신의 사업에 치중하는 상담가들은 원초적 상처를 강조하며 내담자가 스스로를 치유할 기회를 뺏는다. 정신과적 병증 중 많은 부분이 '내 고통은 외부에서 온 것이며 내가 다루기 힘든 것'이라는 오해에서 비롯된다고 한다.

취약한 상태의 입양부모에게 '원초적 상처' 이론은 매력적으로 다가올 수 있다. 불가항력의 외적 조건에서 원인을 찾으면 스스로 치열한 성찰을 하지 않아도 되고, 죄책감과 불편함도 해소되기 때문이다. 문제의 핵심을 직면하고 싶지 않은 입양부모의 심리와, '절대적' 고통을 가진 환자가 필요한 상담산업의 이해관계가 맞물려 이 같은 이론이 광범위하게 확산되어왔다고 생각한다. 나는 이를 일종의 강고한 '미신'이라 부른다.

실제로 내 아이가 보이는 '문제'는 기본적으로 부모인 내게서 온 것임을 안다. 또한 내가 가진 문제의 근본은 내 부모와의 관계에서 비롯되었다. 이제 그 악순환의 고리를 끊을 사람이 나 자신이라는 것도 잊지 않으려 한다.

사춘기에 접어든 나의 아들은 입양에 관해 이런 농담을 하곤 한다. "내가 기꺼이 입양됐으니 엄마가 나한테 더 잘해줘야지!" 지금 아들에게는 학교생활과 진로 문제, 친구관계 등이 삶의 주된 과제이고 입양은 주변 문제이다. 성장해가면서 또 다른 측면에서 입양이라는 화두에 직면하겠지만 이를 건강한 방식으로 다룰 힘은 이미 갖추었다고 믿는다.

7장

뿌리 내리는
곳에 내가
존재한다

입양가족 이야기

　입양부모가 지닌 삶의 자세가 자녀에게 어떤 영향을 주는지 손민혜(49세) 씨 이야기를 통해 엿볼 수 있다. 2021년, 13,000여 명의 회원이 활동하는 인터넷 커뮤니티 '건강한 입양가족모임'에서 대표로 선출된 민혜 씨는 2009년에 입양한 딸 은영이의 엄마다. 입양 당시 민혜 씨는 경북 안동의 작은 동네에서 10여 년간 학원을 운영하며 주변에 아는 이가 많았기 때문에 비밀입양은 생각조차 하지 않았다. 아이가 여섯 살 되던 해부터 입양가족 행사에 참여하기 시작했고 많은 입양 어린이들을 만나게 하여 딸이 남과 다르지 않다는 사실을 새기도록 했다.

아이가 3학년 때의 일이다. 1학년 아이가 "언니네 진짜 엄마는 죽었어? 언니도 개나 고양이처럼 버려진 거야? 불쌍하다"라는 말을 했다. 이후 민혜 씨는 교감선생님에게 면담을 청해 입양교육의 필요성을 호소했다. 그러나 교감선생님의 답변은 사회 편견을 그대로 보여주었다. "굳이 아이들에게 그런 이야기를 해서 놀림당할 필요가 있나요? 한 아이 때문에 다른 아이들이 왜 불편을 겪어야 합니까? 저도 어려서 아버지가 돌아가시고 놀림당했지만 잘 컸어요. 은영이도 굳이 말을 할 필요가 없지 않나요?" 민혜 씨는 답했다. "아이가 하고 싶은 말을 해도 안전한 학교가 되길 바랍니다. 입양교육은 우리 지역 아이들이 다양한 가족에 대해 이해할 수 있는 좋은 계기가 될 거예요." 그러나 이런 의견은 받아들여지지 않았다.

은영이가 4학년 때 자신을 낳은 분의 외모와 성격이 궁금하다고 한 적이 있었다. 민혜 씨는 은영이가 태어나 며칠을 보낸 입양기관의 영아실 방문을 주선했다. 그는 잔뜩 긴장했지만 오히려 은영이는 아기들을 보고 해맑게 웃으며 물었다. "엄마! 나도 아기 때 이렇게 귀여웠어?" 그 이후로 민혜 씨는 기회가 있으면 생부모의 정보를 아는 대로 담담하게 들려준다. 그는 거창하게 이야기할 것 없이 진실만이 가장 중요하다고 말한다. 한 번씩 아이가 그에게 묻곤 했다. "엄마도 날 낳아주지 그랬어?" 학교 친구들과 다른 본인의 입양 사실이 불편했던 것이다. 민혜 씨는 신앙을 갖고 있진 않지만 이렇게 대답했다고 한다. "하느님이 뜻한 바가 있으셔서 우리를 이렇게 가족으로 만들어주셨겠지."

민혜 씨는 우리 스스로가 사회인식을 만들어가야 하며 그 일환으로 편견을 없애는 입양교육을 활성화해야 한다고 강조한다. 민혜 씨는 온 동네에 입양 사실을 공개하고 살아도 별 불편함이 없었고, 학교에서도 딱히 불이익을 겪지 않았음을 알리고 싶다고 했다. 어려서부터 입양가족 모임에 자주 참여한 은영이는 놀랄 만큼 회복탄력성이 높다. 입양을 공개하는 사람이 많을수록 입양가족이 더 안정된 삶을 살아간다는 것이 그의 지론이다.

민혜 씨는 꼭 덧붙이고 싶은 말이 있다고 했다. "우리 아이가 돌봄과 사랑을 수동적으로 받기만 하는 건 아닙니다. 이 아이가 주는 사랑과 행복감이 얼마나 큰지 가늠할 수가 없어요. 저희는 가족 구성원으로 서로를 사랑하는 역할을 충실히 하고 있답니다."

이진호(가명, 57세) 씨는 자신이 낳은 아들(27세) 밑으로 딸(20세)과 아들(19세)을 입양하여 키우고 있다. 딸은 생후 1년이 됐을 때, 그리고 아들은 네 살 때 각각 입양했다. 그는 늘 수평적인 가치관을 담아 입양 얘기를 했기 때문에 아이들도 입양에 대한 거부감이 없었다. 외부에서 차별의 시선이 있더라도 가족 내에서 자연스러운 관계를 유지했기에, 입양한 자녀들은 큰아들을 무척 좋아하고 잘 따랐다. 딸은 청소년기를 지나며 낳은 이에 대한 분노를 표한 적이 있었지만 부모가 경청하고 공감하자 시간이 지나면서 극복하는 모습을 보였다. 막내아들은 어린 시절에 ADHD 판정을 받은 적이 있지만 진호 씨는 약물치료를 하지 않고 시골에서 아이를 맘껏 놀게 해주었다. 막내는 지금 잘 성장하여 마이스터고등학교를 다니면서 전기기능사 자격증을 취득했다.

그는 생후 1년이 지나서 이뤄지는 연장아 입양에 대해 부모들에게 특별히 당부한다. 무조건 사랑만으로는 안 되고 아이의 역사를 이해하고 있어야 한다는 것이다. 시설의 규칙 속에 묶여 살던 아이들은 밖으로 나오면 전형적인 증상을 보인다고 한다. 아이들끼리 생존경쟁을 하며 살았던 터라 하나라도 더 맛있는 음식, 더 좋은 물건을 차지하려는 태도가 어쩔 수 없이 몸에 배어 있다는 것이다. 진호 씨의 막내도 거짓말과 도벽, 산만함을 보였고 결국 ADHD 진단을 받았다. 아이의 관점에서 보면 거짓으로라도 주변에 잘 보이는 것이 생존과 직결되는 문제다. 진호 씨는 장기적으로 완전한 애착형성을 위해 부모가 욕심을 내려놓고 인내심을 가져야 한다고 말했다. 부모가 먼저 자신을 성찰하지 않고 아이에게만 문제가 있는 것처럼 판단하는 것은 위선에 지나지 않는다는 것이다.

자녀가 생부모에 대해 궁금해하면 진호 씨는 먼저 그 말을 진지하게 받아준다. 자녀들의 생부모에 대한 기록은 남아 있지 않지만, 과학의 발달로 유전자 검사 등 생부모를 찾는 방법이 점차 다양해지고 있으니 원하면 적극적으로 돕겠다는 말을 해주기도 한다. 심각하게 대응하기보다는 때로 해학적으로 답하기도 하면서 아이들의 분노나 실망에 귀 기울여왔다고 했다. 마지막으로 진호 씨에게 '머리 검은 짐승' 운운하는 속설로 상처받는 입양가족에게 한마디 해달라 했더니 간단하게 답했다. "들을 가치도 없는 말은 무시하는 게 제일 좋습니다." 자칫 실타래처럼 얽힐 수 있었던 자녀 양육도 그의 진솔한 태도로 인해 흐르는 물처럼 자연스러울 수 있었던 게 아닌가 생각된다.

천병희(62세) 씨는 1996년도에 결혼한 후 아이가 생기지 않자 3남 2녀의 자녀를 차례로 입양해 키우고 있다. 2000년에 큰딸을 입양하고 이듬해에는 큰아들을 입양했다. 이후 자녀 양육을 위해 병희 씨가 직장을 그만두면서 남편이 외벌이를 하게 되었고, 셋째 입양을 원했지만 입양기관에서는 경제적 이유를 들어 수락하지 않았다. 계산적인 것과는 거리가 멀었던 병희 씨 부부는 형편은 넉넉하지 않아도 많은 아이들에게 가정을 만들어주고 싶었다.

입양 의지를 버리지 않고 있던 중 지인이 소개해준 지방의 한 보육원에 들러 상담 선생님을 만나게 됐다. 그는 병희 씨 부부의 살아온 이야기를 편안하게 들어주었고 경제적인 부분은 묻지 않았다. 이곳에서 아들 둘을 더 입양하면서 이제 입양은 끝났다고 여겼다. 그런데 큰딸이 남동생만 셋이니 여동생을 꼭 입양해달라고 부탁했다. 보육원에서는 딸을 입양하려면 오래 기다려야 하는데 더 이상 입양은 어렵지 않겠냐고 했다. 입양 신청만 해놓고 큰딸에게 기도해보자고 하던 차에 몇 개월도 안 돼 연락이 왔다. 입양이 예정되었다가 사정이 있어 취소된 아이가 있다며. 이렇게 해서 생후 13개월의 막내딸이 왔다.

병희 씨는 자녀들에게 자신의 장애와 연관지어 입양 애

기를 들려주곤 한다. "엄마가 소아마비로 다리가 불편한 걸 비관하고 자포자기했다면 주변에 아무도 남지 않았을 거야. 내가 원해서 생긴 장애가 아니니 살면서 그냥 안고 가는 거지. 입양도 마찬가지야. 네가 세상 사람들 말처럼 '버려져서' 운이 없다 생각하면 정말 헤어나오지 못해. 버려진 게 아니라 '지켜진' 거라 생각하고 열심히 살면 입양은 인생의 작은 부분이 되는 거야."

병희 씨는 우리 사회에 꼭 당부할 것이 두 가지가 있다고 했다. 첫째는 입양법이나 정책을 만들 때 입양부모들의 얘기를 반영하여 현실적인 정책을 세우기 바란다는 것이고, 둘째는 연장아나 장애아 등을 입양한 가정 중 지원이 필요한 경우가 많으니 아이의 정서문제 등에 대한 사후 지원이 꾸준히 이뤄지면 좋겠다는 것이다. 다섯 자녀를 키운 엄마의 내공은 입양 전반에 대한 깊은 관심으로 확대되고 있었다.

병희 씨의 큰딸 최순영(22세) 씨는 대학에서 청소년교육상담학을 전공하며 입양가족들을 돕는 것을 꿈꾸고 있다. 어린 시절 순영 씨는 학원 친구들로부터 "네 가족은 피가 안 섞여서 진짜가 아니야"라는 말과 함께 '좋지 않은 유전자'라는 얘기까지 들었다. 당황하여 울면서도 순영 씨는 즉시 사건 경위서를 써서 선생님께 드렸다. 그 친구에게는 "그런 생부모에게서 태어났는지 어떤지는 모르지만 그걸로 내 삶 자체를 평가할 수는 없다"고 말해주었다. 이후 순영 씨는 유전자보다 중요한 건 가치관이라고 스스로 결론을 내렸다. 만일 유전적으로 문제를 갖고 있다면 나쁘게 발현하지 않도록 경계하고 선택하는 계기를 만들겠다고 결심했다. 주변의 말에 상처받을 때 늘 지지해주던 부모님은 순영 씨가 건강하게 자라는 데 큰 영향을 미쳤다. 자신이 흔들릴 때 붙들어주는 '닻'과 같은 역할을 해주었다는 것이다.

순영 씨는 생부모를 찾고자 하는 열망은 갖고 있지 않다. "내 힘으로 해결할 수 없는 부분에 상실감을 갖거나 미완성이라고 생각하는 건 효율적이지 않아요. 생부모를 찾고자 하는 마음은 자연스러운 것이지만 못 만났다고 해서 영원히 삶의 한 조각을 잃어버렸다고 생각하지도 않고요. 상실감을 한켠에 안은 채로 또 성장하는 거죠."

순영 씨는 방송에 출연하며 입양인으로서 사례 발표도 했지만 자신의 말이 모든 입양인을 대변하는 것으로 비칠 수 있음에 대해 경계하고 있다. 순영 씨와 다른 경험을 하는 이도 있으니 다양한 이야기가 알려지도록 많은 입양인들이 목소리를 낼 수 있는 장을 마련하면 좋겠다는 말도 덧붙였다.

스피노자는『윤리학』에서 말한다. "고통스러운 감정은 우리가 그것을 명확하고 확실하게 묘사하는 바로 그 순간 고통이기를 멈춘다"고. 바꿀 수 없는 과거에 붙들리지 않고, 바꿀 수 있는 미래를 향해 두려움 없이 나아가는 입양가족들을 만난 것은 설레는 일이었다.

입양특례법을 바라보는 두 가지 관점

2012년 8월부터 시행된 입양특례법의 주요 내용은 이렇다. 입양을 위해서는 생모가 출생신고를 해야 하고, 예비입양부모는 심신의 건강, 범죄 전력 여부, 재산 및 신용도, 최종학력 등 다방면에 걸친 증빙서류를 준비하여 가정법원의 허가를 받아야 한다. 또한 5개월간 국내입양을 먼저 추진하고 국내에서 입양부모를 찾지 못할 경우에 해외입양을 진행하는 '5개월 유보제'를 의무화했다. 이 법이 개정되는 데는 미혼모와 해외입양인들이 주축이 된 시민단체들과 여성운동가, 법률가 등이 주된 역할을 했다. 이들은 입양보다 원가정 보호를 우선시해야 한다는 목표 아래 법 개정에 앞장섰다.

한편 입양 절차를 더욱 까다롭게 하기 위한 법안 발의에도 박차를 가했다. 바로 남인순 국회의원이 2019년 12월 대표 발의한 '입양특례법 전부개정법률안'이다. 이 개정안은 현행 입양특례법의 내용에서 한 발 더 나아가 입양 신청과 심사를 더욱 까다롭게 하는 등 국내입양을 축소할 가능성이 있는 법조항을 신설했다. 이를 위해 입양기관이 아닌 국가가 전반적인 입양 업무를 직접 담당하도록 했다.

이를 반대하는 쪽은 입양단체와 입양가족들이 주축이 되어 현행법의 부작용에 대처하는 법안 발의와 입양 활성화를 촉구한다. 이들은 입양의 전제 조건 중 하나로 생부모의 가족관계등록부에 출생신고를 하도록 한 조항 때문에 영아 유기와 살해가 급증하고 입양이 급속히 감소한 점에 우려를 표한다. 또한 현행법에 따라 입양이 성사되기까지 국내입양은 평균 7개월, 해외입양은 20개월이 걸리는 점을 지적하고 있다. 즉 입양부모와 아동에게 매우 중요한 초기 애착 형성 시기를 놓치게 되는 것이다.

이에 대해 국회입법조사처의 「2017년 입양특례법 입법영향 보고서」에서는 다음과 같이 권고하고 있다. "'국내입양 5개월 추진 후 국외입양 추진'이라는 경직된 기준을 다소 완화하는 것을 고려할 필요가 있음. 즉 '건강 이상 아동'에 대해서는 이 원칙 적용 대상에서 제외하거나 국내입양 우선 추진 기간을 대폭 단축하는 것을 고려해볼 필요가 있음. 아울러 법적 근거가 없거나 불명확한 가운데 추진되고 있는 국외입양 쿼터제*는 폐지하거나, 법적 근거를 마련한 다음에 시행하는 것이 바람직함."

한편 남인순 의원의 발의안이 입양 업무의 국가 직영화를 목표로 한 것을 '전국입양가족연대'는 강력하게 비판한다. 우리나라뿐 아니라 세계적으로 사회복지의 운영방식은 국가의 관리 하에 민간에 위탁하는 방식을 택한다. 방대한 사회복지 서비스 영역을 국가가 모두 감당하기 어려운 현실적 문제도 있지만, 정말 중요한 이유는 사회복지 서비스가 사회적 약자를 돌보는, 고도로 전문화된 영역이기

● 국제적으로 고아수출국이라는 비판에 직면하자 정부는 2007년부터 해외입양아 수를 해마다 10%씩 줄이는 해외입양 쿼터제를 도입했다. 현재는 국내입양 성사 건수에 비례하여 해외입양을 할당하는 방식을 유지하고 있다. 국내입양이 늘지 않는 상황에서 해외입양을 제한하는 해외입양 쿼터제가 도입된 후 전체 입양대상아동 중 실제 입양이 이뤄지는 아동의 비율이 떨어지고 입양아동의 연령까지 높아져 아이와 부모 모두 고통이 가중되는 부작용을 낳고 있다.

때문이다. 오랫동안 인건비와 운영비 지원조차 하지 않던 정부가 입양 업무 체계를 하루아침에 국가조직으로 끌어들이는 안은 비판을 면하기 어렵다. 순환보직 시스템과 경직된 조직문화, 복잡한 절차를 기본으로 하는 공조직의 한계를 감안할 때, 민간기관에 사회복지 업무를 위탁하는 것은 세계적인 흐름이다. 입양 공공화가 중요한 목표라면, 70년 가까이 정부가 민간에 떠넘겼던 현실에 대한 분석과 반성이 먼저다. 그다음에는 민간의 업무 중 공공의 영역이 제대로 협력할 역량이 되는 부분이 무엇인지 파악하여 하나하나 개선해가야 한다. 중요한 아동복지에 있어 제 역할을 전혀 못했던 국가임에도 일시에 떠맡으면 모든 것이 해결된다고 믿는 단견이 안타까울 따름이다.

2020년 12월 김미애 국회의원이 발의한 '보호출산에 관한 특별법'은 현행 입양특례법의 문제점 해결을 위한 단초를 담고 있다. 이 법안은 실명으로 출산하기 어려운 산모가 신원을 노출하지 않고 아이를 낳을 수 있게 하는 것이 핵심이다. 자녀양육과 보호출산 사이의 선택에 관해 상담을 받은 산모가 보호출산을 선택할 때, 아기는 국가기관이 보호하고 출생신고와 후견·입양 절차를 밟게 된다. '익명출산제' 또는 '비밀출산제'라는 이름으로 프랑스나 독일 등에서 이미 시행되고 있기도 하다.

입양특례법 찬반 논의는 이제 보호출산제에 대한 논의로 이어지고 있다. 반대하는 측에서는 보호출산제가 비혼 출산에 대한 부정적 인식을 공고히 할 뿐 아니라 생부모 찾기를 어렵게 하여 아동의 알 권리를 침해한다고 주장한다. 그들은 위기 임산부에게 시급하게 필요한 지원은 상담과 의료 서비스, 그리고 법률 지원 서비스를 포함하는 원스톱 지원 서비스라고 강조하고 있다. 그러나 보호출산제는 양육 포기를 조장하지 않는다. 임산부가 스스로 양육할 수 있도록 지원하는 데 우선순위를 두고, 이러한 지원에도 불구하고 보호출산을 원하는 임산부가 있다면 길을 열어주자는 것이다. 보호출산제를 도입한다고 해서 기존의 임산부 지원이 줄어드는 것도 아니다. 오히려 보호출산제가 없어서 생명을 잃는 아동도 있다는 것을 염두에 두어야 한다.

생명권이 생부모를 알 권리보다 더 중요하다는 것은 누구나 인정하는 상식적인 얘기다. 보호출산제가 없는 상태에서 위험한 곳에 유기되어 사망할 위험에 처한 아동에게, 생부모를 알고 함께 살 권리가 무슨 의미가 있는가? 보호출산으로 태어난 아동이 성년에 도달하면 아동권리보장원이 보관하고 있는 출생증서에 열람을 청구할 수 있다. 아동권리보장원은 생부모의 동의를 받아 보관하고 있는 출생증서의 열람을 허가해야 한다. 다만, 생부모가 동의하지 않는 경우 생부모의 인적사항을 제외하고 공개해야 한다. 이와 같이 아동의 알 권리에 대해서도 세밀한 대책을 세우고 있어 아동의 생존권과 알 권리가 충돌하지 않는다.

입양특례법을 둘러싼 오랜 논쟁은 미혼모 인권과 아동 인권을 바라보는 사회의 시각을 민감히 반영하고 있다. 미혼모의 양육권을 지지하고 지원해야 마땅하지만, 이미 원가정이 아닌 보육시설에서 자라고 있는 아이들의 인권 또한 중요하다. 이를 간과하는 쪽에서는 국가가 미혼모 지원에 집중해야 하며, 정부가 앞장서서 입양 활성화 정책을 펴는 것은 어불성설이라고 말한다. 민간기관이 아닌 국가가 입양을 전담해야 한다고도 주장한다. 그러나 한국 사회의 현실에 비추어 볼 때 한편으로 얼마나 공허한 이야기인지 들여다봐야 한다.

우리나라는 OECD 회원국 중 드물게 집단적인 양육시설에 아동을 보호한다. 친권은 공고하고 핏줄에 대한 집착과 편견이 팽배하여 아직도 비공개 입양을 원하는 이들이 다수인 사회이다. 입양 편견에 사로잡혀 국내입양이 위축되

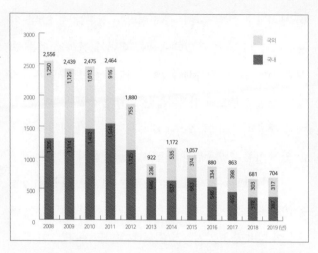

[그림4] 연도별 국내외 입양 현황 (단위: 명)
출처 _ 보건복지부

연도	2000	2001	2002	2003	2004	2005	2006	2007	2008	2009
보호아동	15,936	21,816	22,341	21,882	20,357	18,468	16,008	11,394	11,672	10,500
입양합계	4,046	4,206	4,059	3,851	3,899	3,562	3,231	2,652	2,556	2,439
국내입양	1,686	1,770	1,694	1,564	1,641	1,461	1,332	1,388	1,306	1,314
국외입양	2,360	2,436	2,365	2,287	2,258	2,101	1,899	1,264	1,250	1,125
연도	2010	2011	2012	2013	2014	2015	2016	2017	2018	2019
보호아동	9,960	8,436	8,003	6,834	6,014	4,975	5,221	4,850	4,538	4,612
입양합계	2,475	2,464	1,880	922	1,172	1,057	880	863	681	704
국내입양	1,462	1,548	1,125	686	637	683	546	465	378	387
국외입양	1,013	916	755	236	535	374	334	398	303	317

[표8] 보호아동 가정보호의 현황 (단위: 명)
출처 _ 보건복지부

다 보니 해외입양을 멈추기 어렵다. 성에 대한 엄숙주의가 여전하여 미혼모에게 주홍글씨를 새기는 일도 흔하다. 총체적 난국이라 할 수 있는 현실에서 부작용을 감안하지 못하는 대책만 무성하다.

입양법을 둘러싼 논의에서 다양한 사람들의 의견이 충돌할 때 잊지 말아야 것은, 발언권 없이 가장 취약한 위치에 있는 이의 목소리가 최우선이 돼야 한다는 점이다. 바로 아동양육시설에서 부모의 손길이 닿지 않는 삶을 살아가는 아이들의 목소리다.

길 위에서 죽어가는 잉어의 생명을 구하는 일은 큰 강의 물길을 돌리는 것과 동시에 당장 시급한 한 국자의 물에도 정성을 쏟는 일이다.[•] 지금의 소모적인 입양법 논쟁이 참으로 아쉽게 느껴지는 이유다. 입양이 절실한 곳에는 입양 활성화를, 미혼모의 인권을 강조해야 할 곳에는 원가정 보호정책을 각각 시행하면 된다. 하나가 없어져야 다른 하나

[•] 장자 외물(外物)편에 나오는 우화. 마차바퀴 자국 웅덩이에서 겨우 숨쉬는 잉어가 "한 국자의 물로 저를 살릴 수 없겠습니까?" 하고 애원하자 장자는 "내가 출타 중이니 오면서 큰 강물을 끌어다 주겠다"고 대답한다. 잉어는 화를 내면서 말한다. "제게 필요한 것은 지금 저를 살릴 수 있는 한 국자의 물입니다. 만일 그것이 당신 대답의 전부라면 다음에는 건어물 진열대에서 저를 찾는 것이 나을 것입니다."

가 살아나는 게 아니라 얼마든지 양립 가능하다는 뜻이다. 나의 정의를 주장하기 위해 다른 이의 희생을 당연시 하는 것은 무책임한 운동방식이다. 이로 인해 입양활성화가 가로막히고 있다는 사실이 참으로 안타깝기만 하다.

해외입양을 바라보는 두 가지 시선

해외입양은 한국전쟁 이후 미군과 한국여성 사이에 태어난 아이들을 '아버지의 나라'로 보낸다는 명분에서 출발했다. 혼혈인에 배타적인 순혈주의에 따라 정부는 한국아동양호회라는 기관을 설립하여 미국 입양을 시작했다. 1955년 홀트아동복지회 설립자인 해리 홀트Harry Holt가 이 기관을 통해 여덟 명의 혼혈아를 입양하면서 해외입양이 본격적으로 시작되었다.

정부의 통계에 따르면 60여 년간 한국에서 해외로 입양된 아동은 16만5천여 명으로 집계되지만, 실제로는 약 20만 명으로 추정한다. 해외입양은 1980년대에 급증하여 10년간 정점을 유지하면서 1988년 올림픽 전후로 국내외 언론에서 해외입양 비판 보도가 이어졌다.

해외입양을 보는 두 가지 시선 중 하나는, 해외입양이 일종의 아동학대이므로 즉시 중단해야 한다는 의견이다. 원가정을 지원해 아동이 타국에서 인종차별과 사회부적응을 겪을 가능성을 없애야 한다는 것이다. 다른 한쪽은 미혼모 지원과 국내입양 활성화를 동시에 주장하면서 보육원에 아동이 남아 있지 않을 때까지 해외입양을 지속해야 한다고 말한다.

해외입양을 중단해야 한다는 의견은 해외입양인 지원단체인 '뿌리의집'을 운영하는 김도현 씨를 중심으로 이어져 왔다. 그는 "아이 입장에서 해외입양은 강제이주에 버금가는 학대"라고 말한 바 있다.[20]

지금껏 국가가 미혼모에 대한 사회적 편견에 기대어 국내에서 마땅히 책임져야 할 아동복지를 해외입양으로 해결하고자 한 것은 사실이다. 그 결과 오늘날까지도 국가의 경제발전과는 무관하게 해외입양 아동 숫자에서 한국이 세계적으로 수위를 차지하고 있다. 해외입양인의 시민권 미취득으로 인한 추방의 문제에 이르면 나 역시 정부의 미온적 태도에 실망을 금할 수 없다. 그럼에도 이들이 제기하는 '해외입양 즉시 중단'이라는 주장에는 깊은 우려를 갖는다.

해외입양이 성행하게 된 원인으로 정부와 입양기관의 잘못만을 지적하는 것은 지나친 단순화이다. 입양이라는 사회적 의제는 전 국민의 의식과 문화를 바탕으로 한다. 자녀양육을 포기하는 원인이 경제적 빈곤만은 아니다. 사회적으로 만연한 편견은 미혼모뿐 아니라 국내입양 가족에게도 작용하며, 이렇게 오래된 정신적 유산이 해외입양의 바탕이 되었다. 성인이 된 입양인의 만남 요청에 생부모가 쉽게 응하지 못하는 것과 마찬가지로, 입양부모가 자녀의 입양 사실을 선뜻 공개하지 못하는 이유는 무엇일까? 이른바 '정상가족'에 대한 강력한 편견이 동일하게 작용했기 때문이다. 그럼에도 혹자는 입양이란 미혼모의 자녀를 '정상가족'인 입양가정으로 보내는 일이라 주장한다.

해외입양의 핵심적인 문제점은, 일상적인 인종차별과 자기 정체성을 의심하게 하는 타인들의 시선이라고 한다. 스웨덴으로 입양된 토비아스 휘비네트(한국이름 이삼돌) 씨는 해외입양과 노예무역의 유사성을 언급하며 이를 극단적으로 표현했다. 노예와 입양인은 모두 모국의 언어와 문화를 잃어버리고, 그들의 주인이 지어주는 새로운 이름을 얻어 인종주의 아래에 몸만 남는다는 것이다.[21] 치욕과 불명예의 감정은 그가 강조하는 해외입양인의 중심 정서다.

그러나 이러한 주장은 스웨덴 안에서도 역인종차별주의라는 비판을 받았다. 해외입양이 오직 수치심만을 낳는다는 그의 결론이 의아한 것은, 보호대상아동의 영구적인 가정을 찾기 위해 가능한 모든 해결책을 강구하는 것이야말로 보편적 가치이기 때문이다. 경직된 틀에 갇혀 해외입양을 당장 전면 금지하라는 것은 '질병을 없애라. 약은 해답이 아니다'라는 주장을 연상케 한다.

한편으로는 인종주의 안에서 사는 삶이 녹록지 않다는 것도 엄연한 현실이다. 오바마 전 미국대통령은 어린 시절 백인 조부모의 슬하에서 자라며 인종차별의 벽에 수시로 부딪혔다. 어느 날 동네 사람이 오바마에게 "위험한 흑인 아이가 왜 우리 동네에 와 있느냐?"고 했을 때 오바마의 할머니가 이렇게 말했다고 한다. "내 손자에게 그런 말을 하는 당신이 더 위험해 보이는군요!" 이후 오바마가 성장하면서 방황할 때마다 할머니가 가르쳐준 용기는 그를 다시 일어서게 했으리라. 진정한 울타리가 되어주는 가족이 있다면 아이는 홀로 전장에 버려진 느낌을 갖지 않는다. 부모가 입양을 바라보는 시선에 흔들림이 없다면 아이와 손잡고 척박한 환경을 건너갈 수 있다.

'헤이그 국제아동입양협약'*에서는 말한다. 영구적으로

시설에 남거나 여러 위탁가정을 전전하는 등의 국내 해결책은 국제입양보다 바람직한 해결책이 될 수 없다고. 그러므로 시설보호는 '마지막 수단'으로 보아야 한다고 못박는다.[22] 해외입양을 반대하는 측에서는 시설보호에 대해 언급하지 않으면서 해외입양이 아동보호의 최후 수단이어야 한다고 말하고 있다. 현실에 엄연히 존재하는 시설보호를 일부러 외면한 것이라면 학문적 양심에 반하는 주장이 아닐 수 없다.

현행 입양특례법 제8조는 '국외입양의 감축' 항목 아래 "국가는 아동에 대한 보호의무와 책임을 이행하기 위해 국외입양을 줄여나가도록 노력해야 한다"라고 규정하고 있다. 이러한 표현은 마치 시설에서 보호되는 아동이 늘어나고 시설보호 기간이 길어지더라도 해외입양을 줄여야 한다는 의미로 해석될 수 있다. 이를 개정하여 '시설보호의 감축'이라는 항목 하에 "국가가 시설보호를 줄여나가도록 노력해야 한다"라고 바꾸는 것이 더 타당하다.

● 헤이그 국제사법회의는 1993년 '헤이그 국제아동입양협약'을 채택하여 국제입양에 관한 다국간 협력 체제를 구축하여 아동의 복리를 실현하는 것을 최우선의 목적으로 명시하고 있다.

해외입양인들의 목소리를 듣다

프랑스의 니콜라 보푸르, 미국의 주디스 에커를과 바바라 킴. 세 명의 해외입양인은 각자 조금씩 다른 시각으로 해외입양을 바라본다.

니콜라 보푸르(한국이름 박현춘) 씨는 1979년 한국에서 태어나 1983년에 누나와 함께 프랑스 가정에 입양되었다. 원가정 찾기 7개월 만인 2019년에 생부를 만났고, 2020년에는 생모와도 연락이 닿았다. 그는 한국 국적을 되찾고 나면 한국으로 터전을 옮길 계획을 하고 있다. 니콜라 씨는 전 세계의 해외입양인들을 연결하고 돕는 국제 네트워크인 ICAV*의 프랑스 대표이며, 프랑스계 한국 입양인들의 원가족 찾기 멘토로 활동 중이다. 또한 IT 프로젝트 매니저로 일하며 이전 결혼에서 낳은 두 아이와 함께 재혼가정을 꾸려 살고 있다.

한국에서 해외입양에 대한 찬반 의견이 나뉘는 것에 대해, 그는 두 입장이 그렇게 엄밀히 구분되어서는 안 된다

• Intercountry Adoptee Voices (intercountryadopteevoices.com)

고 말했다. 그러나 기본적으로 아이들을 해외로 보내는 나라는 자국민을 보호하는 데 실패한 국가임을 분명히 했다. 아무것도 할 수 없을 때 최후의 방법이 해외입양이라는 것이 그의 견해다. 전쟁이나 자연재해로 인한 위기라면 이해할 수 있지만, 경제적으로 상위권에 드는 국가에서 해외입양은 더 이상 받아들일 수 없는 현상이라는 것이다.

어린 시절, 니콜라 씨는 부모와 얼굴이 다르고, 학교 친구들과도 다르다는 사실이 매우 힘들었다. 부모님은 지금까지도 백인들 사이에서 아시아인으로 사는 니콜라 씨의 어려움을 이해하지 못한다. 인종차별에 대처하는 방법이나 입양에 대해서도 부모님과 대화해본 적이 없었다. 그는 해외입양인으로서의 삶에 대해 이렇게 말했다.

"때때로 우리는 다른 사람들한테 우리 이야기를 들려주도록 강요당해요. 우리의 입양부모가 훌륭한 행동을 했고, 우리는 가난과 학대로부터 구원을 받았고, 더 나은 삶을 살게 되었다는 등의 말들이죠. 입양된 것으로 끝나는 것이 아니라 가는 곳마다 다른 사람들의 시선을 상대하는 고달픈 여행을 해야 하는 겁니다."

하지만 입양이 지금의 자신을 만들었고, 지금 자신은 잘 살고 있다고 말하는 니콜라 씨는 해외입양 중단을 주장하는 입양인들에 대한 생각을 이렇게 밝혔다.

"그들의 고통에 공감해요. 해외입양 이야기는 동화가 아니고, 트라우마와 불신, 분노, 고통으로 가득 차 있는 경우도 많아요. 아이가 모국의 시설에서 자라다가 자립하여 생활하는 것이 좋은가, 아니면 자녀를 갖고자 하는 해외가정으로 입양되는 것이 좋은가. 그것에 대한 명확한 긍정 또는 부정의 답이 있다고 생각하지 않습니다. 물론 해외입양을 중단하는 것은 한국 사회를 변화시키는 하나의 방법이죠. 그러나 장기적으로 해외입양에 대한 근본 원인을 해결하는 것이 더 나은 방법일 수 있어요."

주디스 에커를 씨는 미국에서 소아과 의사로 일하고 있다. 생후 6개월 때 미네소타로 입양되어 네 자녀 중 셋째로 성장했다. 그는 해외입양에 대해 이렇게 말한다.

"가능한 한 생모와 원가정을 지원해 아이들이 한국에 남을 수 있도록 도와야 한다고 생각해요. 이것이 불가능할 경우, 되도록 한국 가정에서 아이들을 입양하도록 장려하고, 한부모가정이나 입양과 관련된 오명을 줄이기 위해 계속 노력해야 하죠. 만약 그런 것들이 가능하지 않다면, 해외입양을 비롯해 다양한 가정이 아이의 양육에 우선순위가 되어야 해요. 장기간의 시설 돌봄과 비교하여 가정에서 자라는 아이들이 신체적, 정신적, 감정적으로 안정적이라는 사실을 뒷받침하는 유의미한 자료들이 있어요."

그는 미국 내 인종차별에 직면했고 최근 몇 년 동안은 미국의 정치적 문제로 인해 확산되고 있는 아시안 차별을 경험하고 있다. 그러나 주디스 씨의 부모님은 어린 시절부터 입양에 대해 개방적이었고, 한국인으로서의 유산을 존중해주었다. 친생자녀들과 주디스 씨는 함께 한국 문화 캠프에 참가했고 각자 한복을 가지고 있었으며, 한국 문화에 대해 이야기를 나누었다. 주디스 씨는 훌륭한 가족 안에서 성장하면서 좋은 경험을 할 수 있었다. 그는 생부모를 찾기 위해 신문기사와 텔레비전에도 출연하고 여러 DNA 사이트에 등록했지만 아직까지 혈연을 찾지는 못했다.

해외입양 중단을 주장하는 입양인들에 대해 주디스 씨는 이렇게 말한다. "그들이 자신의 의견을 표현할 권리가 있다고 생각해요. 또한 그들이 해외에 입양되지 않고 한국에 머물렀더라면 받을 수 없었을 교육을 통해 주장하는 목소리를 키웠다고 생각합니다. 모든 입양가정이 자녀에게 잘해주는 건 아니라는 것을 저도 인정해요. 제가 한국에서 살았더라면 어땠을지를 상상하며 애통해한 적도 있었죠.

저는 우리 모두가 함께 노력해서 오명을 줄이고, 아이들에게 가족을 가질 수 있는 기회를 빼앗지 않기를 바라요. 모든 아이들은 기회가 필요해요."

바바라 킴 씨는 4남매 중 장녀로 태어났다. 그가 여덟 살 때 생모가 사망한 후 보육원에 맡겨졌고 여섯 살인 남동생은 아버지와 함께 지냈다. 네 살짜리 여동생은 친척에게 보내졌다가 나중에 쫓겨나 거리에서 살아야 했다. 생후 15개월인 막내 여동생은 다른 보육원에 입소했다.

그는 열 살 때 입양된 미국 가정에서도 학대를 겪은 후 여러 위탁가정과 그룹홈을 거치며 성장했다. 어린 시절 외모를 놀리는 정도의 인종차별은 오히려 사소한 것이었고, 더 고통스러웠던 것은 그의 신체 장애에 대한 조롱과 비웃음이었다. 그러나 성장기와 성인기 내내 교육, 활동, 클럽, 또는 취업에 지원할 때 거절당한 적이 없었고 교육받을 기회는 더 많이 주어졌다.

그가 스물두 살에 한국에 왔을 때, 막냇동생을 찾아 보육원에서 데리고 나왔다. 동생은 보육원에서 17년 넘게 사는 동안 가족이 있는 줄도 모르고 있었다. 당시 바바라 씨는 생부와 형제자매를 모두 찾았지만 미국으로 돌아와 살면서 50대 후반이 되어서야 그들과 친밀한 관계를 맺기 시작했다. 막냇동생은 보육원에서 지내는 동안 고등학교를 마치지 못했고 지금까지도 이를 부끄러워 한다고 했다.

바바라 씨는 대학에서 사회사업학과 간호학 등 3개의 학위를 받았다. 입양 사회복지사로 20년, 호스피스 돌봄 전문 등록 간호사로 30년 이상 전문경력을 이어갔다. 2019년에는 한국으로 돌아와 보육시설에서 퇴소한 청년들을 위한 '고아원 너머의 사랑Love Beyond the Orphanage'●의 이사회에서 활동하고 있다.

입양으로 고난을 겪었음에도 불구하고 바바라 씨는 '열정적인 입양 옹호자'임을 자처했다. 자신의 어린 시절은 트라우마로 가득했지만 자신에게 다양하게 열려 있던 기회에 감사한다고 했다. 바바라 씨는 사회복지사로 일하면서 특별한 돌봄이 필요한 아이들, 즉 입양 시기를 놓쳤거나 장애를 가진 아이들을 비롯해 많은 아이들에게 입양가정을 찾아주기 위해 열심히 노력했다. 입양가정에서도 학대는 일어나지만 아이들을 사랑하는 평범한 가정이 대다수라고

● 교육, 상담, 멘토링을 통해 보호종료아동을 지원하는 비영리단체. 미국으로 입양된 한국 입양인들이 2016년에 설립했다.

말하는 바바라 씨는, 해외입양을 반대하는 몇몇 사람이 자신의 경험을 기반으로 다른 아이들의 입양 기회를 막을 권리는 없다고 강조했다.

"일부 해외입양인들이 한국에 와서 법을 바꾸고는 자신이 입양된 나라로 돌아갑니다. 그들은 선택권이 있는 거죠. 그들 대부분은 교육을 잘 받았고 경제적으로도 문제가 없어요. 한국에 머무르지도 않고요. 자신의 활동에서 비롯된 결과를 떠안고 살아야 할 필요도 없죠. 그러나 지금도 한국의 보육원에선 많은 아이들이 자라고 있어요. 자신의 가족을 가질 기회를 갖지 못한 채로요. 성인이 되어 사회로 나오면 다시 거부당하고 고아라는 낙인이 찍힌 채 시민으로서의 많은 권리를 잃게 돼요."

바바라 씨는 여러 경로로 한국의 보육시설 현장을 체험했고 지금도 이곳에서 지내는 아동들을 돕고 있다. 그는 보육원 생활이 정서적인 면을 충족시킬 수 없고, 어린이의 자아정체성에 필요한 보살핌을 제공할 수 없다고 생각한다. 한국 사회에서 시설아동들은 항상 의심의 시선을 받고 신체적, 정서적 결핍뿐 아니라 문화적 고립도 겪는다는 것이 바바라 씨의 견해였다.

해외입양인 세 사람의 목소리를 들으며, 서로 다른 위치에서 말하고 있지만 기본적인 토대는 같다는 생각이 들었다. 그들은 한결같이 자신의 힘든 경험에도 불구하고 가족을 필요로 하는 아이들의 목소리를 대변하기 위해 노력하고 있었다. 언젠가 이들의 목소리가 같은 곳에서 만나 폭발적인 힘으로 사회 변화를 이끌어 낼 수 있기를 바란다.

뿌리 없는 사람은 없다

아동학대 문제를 다룬 책, 『이상한 정상가족』에서 저자 김희경 씨는 말한다. "나는 해외입양에는 반대하지만 입양제도 자체가 사라져야 한다거나 모든 입양부모가 문제가 있다고 생각하지 않는다." 국내입양도, 미혼모 지원도, 이에 대한 대중의 인식도 일천한 한국 사회에서, '입양은 찬성하지만 해외입양은 반대한다'는 말은 일종의 형용모순이다. 한국 사회에서 해외입양 문제는 이제 입양 전반을 가늠하는 바로미터가 되었다.

입양을 비판하는 단체들은 해외입양의 비극적 현실을 알리기 위해 북유럽에 입양된 이들의 예를 많이 든다. 그들이 사회에 적응하지 못해 고통 받으며 '불행한' 삶을 산다는 것이다.

스웨덴은 해외입양에 관한 연구보고서가 많이 발표되는 나라다. 스웨덴의 입양 문제 전문가인 마리안 세데르블라드Marianne Cederblad 교수는 입양인 대다수가 심각한 문제를 겪지 않는다고 말하면서도, 각종 심신의 질병과 문제행동 등에서 일반 아동에 비해 위험도가 높다고 지적했다. 세데르블라드는 이러한 문제가 발생하는 원인으로 입양되기 전 출생 국가에서 겪은 학대와 방임, 영양실조 등을 꼽았다. 이 경험이 입양 이후에도 지속적인 영향을 미친다는 것이다. 해외입양 자체보다는 입양 당시 아동의 연령과 이전 경험이 결정적 역할을 한다는 것이 전문가들의 공통된 견해이다.

2018년 만화로 출간된 리사 울림 셰블롬Lisa Wool-rim Sjöblom(한국이름 정울림)의 자전적 작품『나는 누구입니까』를 통해 스웨덴 입양인의 삶을 세밀하게 들여다볼 수 있었다. 저자는 책의 앞머리에 이렇게 썼다. "나는 뿌리 없이 나온 사람이다. 여기서 태어나지도 않았지만 여기에 있으니까." 이 책에는 그가 입양되던 40여 년 전만 해도 스웨덴 사회의 인권 의식이 매우 낮았음을 보여주는 적나라한 사례들이 나와 있다. 인종차별, 입양에 대한 무지, 선민의식 등 백인 사회에서 한국 입양아들이 겪어야 했던 가혹한 현실을 보며 가슴이 저렸다. 그러나 한편 이들이 겪었던 고통이 해외입양을 즉시 종결하자고 주장할 만큼 절대적인 것일까?

물론 고통의 절대치는 주관적인 것이라 함부로 논할 수 없다. 다만 나는 고통의 원인이 오로지 '버려짐', '뿌리 없음'에 있다는 생각에 의문을 갖는다. 그들의 고통은 스웨덴의 인종주의, 입양부모의 무지에서 온 것이지, 입양 자체를 문제의 근원으로 볼 수 없다는 게 내 생각이다. 한편으론 '뿌리'라는 말이 현실을 왜곡할 수 있다는 생각이 든다. 뿌리는 나의 조상, 역사에 대한 비유이기 때문에 생부모를 찾는 일을 '뿌리 찾기'라 말해왔다. 여기에 함정이 있다. 입양된 아이는 현재 뿌리가 없는 존재인가? 이민이나 해외입양으로 새 인연을 찾은 경우 그의 뿌리는 새로운 땅, 자신의 삶의 역사가 있는 곳에 존재한다.

일곱 살 때 뉴질랜드로 이민 간 조카가 몇 년이 지나 한국 땅을 다시 밟으면서 이렇게 말했다. "도시에서 살던 원숭이가 원래 있던 숲으로 돌아온 것 같아요." 백인들 속에서 살다가 자신과 비슷한 외모의 사람들 틈에 섞이자 신기했던 것이다. 그러나 거기까지였다. 한국은 잠시 들른 곳일 뿐 조카는 이곳을 언젠가 자신이 돌아와야 할 고향으로 느끼지 않았다. 그 아이의 삶과 역사가 새겨진 곳은 한국이 아니라 친구들과 유년기의 기억이 존재하는 뉴질랜드이기 때문에.

40년 전에 스웨덴으로 입양되었던 셰블룸은 "나는 내 존재가 실수라는 느낌을 갖고 자랐다. 원했던 아이를 버리는 사람이 있겠는가"라고 말했다. 주목할 것은 그가 '엄마(생모)'와 다시 연결되면 모든 게 바뀔 거라고, 오랫동안 구해 왔던 답을 찾을 거라고 믿은 점이다. 자신에 대해 정말로 알게 해줄 평범하고 세세한 것들, 피와 살로 이뤄진 진짜 사람 이야기를 기대했다. 그러나 어렵게 이뤄진 생모와의 만남은 이상할 정도로 공허했다. 무엇보다 생모는 입양 보낸 셰블룸의 삶을 궁금해하지 않았다. 또한 과거 이야기를 자세히 꺼내고 싶어 하지도 않았다. 그동안 '엄마'를 그리워했던 셰블룸이 겪었을 충격과 좌절이 짐작된다. 만일 성장기에 스웨덴의 부모가 그의 궁금증, 슬픔, 분노를 적절히 다룰 수 있었더라면 어땠을까?

2018년 평창 동계올림픽 응원단으로 한국을 찾은 데릭 파커 씨는 소아마비를 앓던 아기 때 어느 기관 앞에 유기됐던 자신의 과거를 들려주었다. 출생 기록이 없고 국내입양 가능성도 희박했던 그는 미국의 한 가정에 입양되어 휠체

어를 탄 장애인으로 백인 동네에서 살면서도 가족들의 사랑을 듬뿍 받으며 자랐다. 40대인 그는 자신의 출생에 대해서도 유머를 섞어 이야기할 만큼 여유가 있었다. 입양인 모임에 함께한 우리를 둘러보며 그는 이렇게 말했다. "이 중에도 나의 혈연이 있을지 모릅니다."

파커와 셰블룸의 차이는 무엇일까? 입양부모가 입양을 바라보는 시선이 결정적인 차이를 낳았으리라 생각한다. 나는 출생의 방식이나 출생 당시의 사연이 한 사람의 평생을 규정한다고 생각하지 않는다. 우리가 찾는 질문의 답은 혈연에 있지 않다. 입양을 다룬 동화책『엄마, 나도 엄마 배 속에 있었어?』[23]는 "나도 엄마 배 속에서 나왔어?"라는 아이의 질문에 대해 부드럽지만 단호한 엄마의 답을 담고 있다. 일반적으로 말하듯 "아니, 넌 다른 엄마 배 속에서 나왔어!"라고 답하지 않는다. 일단 아기가 엄마 배 속에서 태어나는 걸 알았다는 사실을 칭찬해준 다음, 더 정확히 말하면 아기는 '엄마'가 아니라 '여자'의 배 속에서 나온다는 사실을 알려준다. 이후 부모가 되려고 준비하고 기다렸던 이를 만나 가족이 된다고 말한다. 즉, 출산으로 무조건 가족이 되는 것이 아니라 서로를 기다리는 어른과 아이가 만나 가족이 된다는 것을 강조하는 동화책이다.

동화책을 펼쳐본 아들이 말했다. "입양되길 기다릴 만큼 내가 참을성이 있었다고? 그건 좀 다른데." 어떻게 다르냐고 묻자 아이가 답했다. "입양가족이 된 건 전적으로 내가 너무 멋졌기 때문이지." 우리 집에선 '입양'이 일상 속에 자연스레 끼어드는 소재다. 언어를 바꾸면 세상을 보는 시선이 여유로워지고 삶 자체를 바꾸는 길이 열릴 수도 있다. 언젠가 모든 아이들이 해외가 아닌 국내의 원가정과 입양가정에서 살 수 있길 바란다. 그 전까지 해외입양의 얽힌 실타래를 풀어가는 실마리는 가까이 있을지도 모른다. 뿌리는 살아가며 스스로 내린 곳에 있다.

8장

혈연
중심주의
다시 보기

아이에게 '엄마'라는 말이 갖는 의미

　어린 시절 아들이 "엄마는 내 친엄마가 아니야?"라고 물은 적이 있다. '친엄마는 친권을 가진 엄마를 뜻하고, 양육의 의무를 행사할 수 있는 권리인 친권은 내게 있으므로 너에게 친엄마는 바로 나'라는 요지의 이야기를 쉬운 말로 설명해주었다. 순간, 아들의 얼굴이 환하게 밝아지는 것을 보았다. 친엄마, 진짜엄마, 가짜엄마… 이런 표현들이 끊임없이 난무하는 이유는 모성이 온갖 왜곡된 의미로 소비되기 때문이다.

　입양과 관련된 어떤 말들은 우리 사회의 편견을 정확히

반영한다. 그래서 이런 말을 잘 다루는 작업은 매우 중요하다. 어쩌면 입양교육의 핵심일 수도 있다. 우리나라 국어사전에서 '친부모'란 생부모, 즉 혈연을 뜻한다고 나와 있다. 그러나 '혈족'의 의미에는 '법률이 입양 등에 따라 이와 같다고 인정한 사람'도 포함된다. 그러므로 생부모는 '아이를 낳은 부모', 친부모는 '친권을 가진 부모'라는 의미로 쓰는 것이 바람직하다.

생각이 언어를 만들고, 다시 언어가 사고를 규정하기 때문에 이런 모색은 중요한 변화를 불러온다. 입양으로 부모가 된 이들에게 '친부모는 따로 있으니 당신들은 양부모, 임시부모, 유사부모'라 칭하는 것이 합당한 일일까.

표준국어대사전은 '어머니'라는 단어를 이렇게 설명하고 있다.

1. 자기를 낳아준 여자를 이르거나 부르는 말.
2. 자녀를 둔 여자를 자식에 대한 관계로 이르거나 부르는 말.

반면 미국의 온라인 영어사전(Dictionary.com)에 나온 'mother'의 의미는 이렇다.

1. a female parent.(양친 중 여성 쪽)

2. a mother-in-law, stepmother, or adoptive mother.(배우자의 어
   머니, 계모, 또는 입양모)

영어사전의 뒤이은 뜻에도 '어머니의 지위, 역할, 권위를
가진 여성'이라 되어 있을 뿐 출산과 관련된 말은 없다. 시
대의 변화, 발전에 따라 계속 업그레이드되는 온라인 사전
은 사람들의 의식을 민감하게 반영한다. '유전자를 물려준
것만으로 부모라 할 수 있는가'라는 현시대의 문제의식을
그대로 담고 있는 것이다.

나는 아들에게 생모에 대해 말할 때 '낳아준 엄마'라는
표현을 쓰지 않고, '낳은 분' 또는 '생모'라는 표현만 의도적
으로 사용하고 있다. 아이의 정서를 배려하기 위해서다.
생모라는 말도 '낳은 엄마'를 뜻하는데 굳이 엄마라는 표현
을 쓰지 않는 것이 무슨 의미가 있냐는 질문을 받으면, '지
칭'(어떤 대상을 가리켜 일컫는 이름)과 '호칭'(부르는 이름)의 차
이로 설명한다. '엄마'는 아이들이 일상에서 자주 사용하는
호칭이다. 아이들은 아무리 어려도 언어에 대한 직관을 갖
고 있기 때문에 엄마라는 말이 주는 유일무이하고 고유한
느낌을 알고 있다.

'낳아준 엄마'라는 말이 주는 혼란은 이렇게 나타날 수 있다. 아이에게 입양을 말하는 첫 장면을 가정해보자. '다른 엄마가 너를 낳았다'는 말에 아이의 생각은 이렇게 이어진다. '내 엄마가 나를 낳지 않았다고? 다른 엄마가 나를 낳았고 그 엄마는 어디 있는지 알 수 없다고? 나를 버렸다고?' 아이가 아직 이해할 수 없는 정보가 한꺼번에 작은 어깨를 짓누른다. 이런 정보는 의식적으로 정연하게 정리되는 게 아니라 압도하는 정서, 충격으로 새겨진다. '다른 엄마'의 존재와 친권 포기에 대한 이야기는 아이에게 충격 그 자체일 수밖에 없다.

유일무이하고 고유하며 언제라도 부르면 답해주는, 자신의 생존에 절대적인 존재가 엄마다. 그런 엄마가 알 수 없는 곳에 또 다른 얼굴로 존재한다면 어떻겠는가. 당장 만나야 하고, 왜 나를 포기했는지 알아야겠다는 생각이 들 것이다. 이런 정서는 생모를 향한 집착을 불러올 수 있고, 결과적으로 아이에게 깊은 상처를 남길 수도 있다.

아이의 마음속에 입양이 혼란 대신 객관적 정보로 자리 잡길 원한다면 언어의 중요성은 아무리 강조해도 지나치지 않다. 아이가 성장한 후 스스로의 판단하에 생모를 엄마라고 부른다면 전혀 문제될 것이 없다. 다만 엄마의 존

재가 세상의 전부인 어린 나이에는, 엄마라는 호칭을 오직
한 사람에게만 쓰는 것이 바람직하다고 본다.

입양으로 자녀를 맞이하는 일은 낭떠러지를 향해 발을
내딛는 것인지도 모른다. 두려워서 절대 발을 떼지 못할
것 같았는데 한 발 내딛으면 내가 몰랐던 날개가 있다는 걸
알게 된다. 그때 자유롭게 날면서 걱정에 휩싸였던 과거의
자신을 돌아보게 될 것이다. 수많은 말들의 홍수 속에 일
일이 대응하기 전에 내 마음속에 똬리 틀고 있는 편견부터
바로 보는 것이 중요하다. 핏줄이나 천성에 대한 편견은
막장 드라마뿐 아니라 오랜 세월 수많은 신화와 민담을 통
해 우리의 뇌리에 각인되었다. 분명한 것은, 입양이란 '머
리 검은 짐승'이 아닌 '사람'을 거두는 일이라는 사실이다.

'정상가족' 신화를 넘어

'정상가족' 이데올로기는 결혼제도 안에서 부모와 자녀
로 이뤄진 가족만을 정상적인 모습으로 보고 그 외의 가
족 형태는 비정상으로 여기는 것을 말한다. 『이상한 정상
가족』의 저자 김희경 씨는 우리 사회가 입양가족을 '정상가

족'으로 간주해 미혼모에게서 아이를 분리하여 입양 보내고 있다고 비판하면서, 국가가 입양가정을 영속적으로 관리할 것을 촉구한다.

"입양가족은 친생부모와 함께 살 수 없게 된 아이에게 사회가 만들어준 대안가족이다. 그렇게 가족을 만들어준 책임이 있는 만큼 입양의 시작부터 끝, 그 이후까지 정부가 책임져야 한다." 저자는 뒤이어 "입양은 전문적 도움이 필요한 전 생애의 과정이며 입양가정에 대한 사후관리를 앞으로 더 강화해야 한다"는 논지를 이어간다.

입양가정이 '특수한 가정'이라는 시각은, 입양가정 안에서 아동학대 사건이 일어나면 기다렸다는 듯이 모든 입양가정 전수조사를 감행하는 토대가 된다. 원가정에서 벗어난 아동이 공적으로 국가의 보호를 받아야 한다는 것은 맞는 얘기다. 그러나 입양가정이라는 사적 영역으로 들어간 후에도 국가의 관리 아래에 두고자 하는 것이 합당한 일인가? 만약 아동학대가 일어난다면 다른 가정과 마찬가지로 그 가정에만 국가가 개입하면 된다.

아동학대는 일반가정에서 더 자주 일어나지만 그렇다고 해서 모든 일반가정을 전수조사하지는 않는다. 건강한 입양문화가 정착되려면 강제성을 띤 국가의 '관리'가 아니라 입양가정의 요구에 부응하는 '지원과 서비스'가 각 가정의 자발성과 만나야 한다. 입양가정은 원가정을 대신하는 '대안가족'에 불과한 것이 아니라, 친권을 가진 영구적인 가정이며 보통의 평범한 가정과 다를 바가 없다.

2020년 10월, 입양부모의 학대로 생후 16개월 된 정인이가 숨진 사건이 발생했다. 입양된 아동이 수 개월간 학대를 당하다 사망한 이 참혹한 사건은 우리 사회에 심각한 질문을 던졌다. '정인이 사건'이라 불리는 이 사안을 짚어보며 아동학대 방지 시스템을 점검해야 한다는 목소리가 높아지는 와중에, 일부 대중은 집요하게 입양제도를 문제 삼았다. 정치인과 언론, 시민사회는 입양제도를 손봐야 한다는 의견과, 입양 아닌 아동학대에 초점을 맞춰야 한다는 의견으로 양분되었다. 정부 주무부처의 신속한 조사에서 이 사건은 입양이 아닌 공적 시스템의 문제임이 밝혀졌음에도 여론은 가라앉지 않았다. 급기야 대통령이 2021년 신년 기자회견에서 입양제도를 문제삼으며, "일정 기간 안에 입양을 취소한다든지 (…) 아이와 맞지 않을 경우 입양 아동을 바꾼다든지" 하는 대책이 필요하다고 발언해 많은 이들을 경악케 했다.

이 사건을 계기로 서울대 아동가족학과 명예교수인 이

순형 씨는 입양 편견이 드러나는 주장을 언론에 실었다.[24] 입양 과정에 대한 모니터링의 필요성을 제기하며 그는 이렇게 주장한다. "입양아가 19세가 될 때까지 일정 기간마다 전문가가 가정을 방문해 아이가 제대로 자라고 있는지 철저히 조사해야 한다. 입양가정이 아이 성장에 적절한 환경인지 아닌지를 살펴보고, 행여 학대 의심 정황이 조금이라도 있다 싶으면 언제든 시스템을 작동시켜 아이를 안전하게 구출해야 한다. 양육보조금도 조사자의 이러한 보고가 선행됐을 때 지급돼야 한다." 그의 주장에 따르면 입양가정에 아무런 문제없음이 충분히 입증됐을 때에 비로소 친권을 부여해야 하며, 입양아동이 재산 증식 수단으로 이용된 경우도 적잖다고 했다. 이쯤 되면 현 입양제도에 대한 몰이해를 넘어 사실 왜곡까지 서슴지 않는 것이다.

그의 주장대로 아이가 성인이 될 때까지 전문가의 정기적인 가정방문으로 생활을 확인받아야 하는 상황을 가정해보자. 대부분의 입양가족은 입양 사실조차 잊고 사는 평범한 사람들이다. 만일 예민한 사춘기의 아이에게 이런 사회적 감시가 이어진다면 그 상처는 회복이 불가능할 수도 있다. 가족관계는 남들이 느끼기 어려운 섬세한 결을 갖고 있는 것임에도 외부에서 끊임없이 색안경을 끼고 들여다

본다면 일상이 파괴되는 결과까지 불러올 수 있다. 입양에 대한 편견이 극에 달해 더 이상 입양을 원하는 이들을 찾기 어려워지는 것 또한 당연한 결말이다. 이렇게 극단적인 상황을 초래할 만한 내용이 아무렇지도 않게 전문가의 입에서 흘러나오고 대중매체에 실리는 것에 대해 사회적으로 깊은 반성이 필요하다.

입양아동 사망 사건 이후 여론에 힘입어 일부 지방자치단체는 입양가정을 위기가족으로 선정하고 전수조사를 실시했다. 서울 성동구, 경남 함안, 대전 대덕에 이어 전북 고창, 서울 마포, 충북 청주까지 연달아 입양가족 방문조사를 시도했다. 이러한 행위는 입양가정의 일상을 뒤흔들고 입양 시스템의 기반을 약화시켰다. 그나마 경남 함안은 입양단체들의 항의에 "해당 법률에 대한 판단 부족으로 근거 법률을 오적용하여 일련의 물의가 발생했음"을 인정하고 사과했다.

이런 해프닝은 언제든 다시 일어날 수 있다. 정상가정, 대안가정, 영구 관리대상 가정 등 입양가정을 어떤 범주에 넣을지는 전문가들의 주관에 따라 달라진다. 헌법 제17조에 '모든 국민은 사생활의 비밀과 자유를 침해받지 아니한다'라고 명시되어 있다. 이러한 기본권 향유도 입양가정에게는 예외가 될 가능성이 커졌다. 아동학대는 가족의 형태보다 사회적 환경과 더 긴밀히 연관돼 있다고 말하면서도, 한편으로는 입양가족에게 다른 잣대를 들이대는 일부 전문가들의 주장을 어떻게 이해해야 할까?

김희경 씨는 한 칼럼에서 다음과 같은 말로 또 한 번 입양과 아동학대를 연관지었다. "수십 년간 민간에 내맡긴 제도 탓에 '입양 3자' 모두가 실패하는 '정인이들'의 비극은 이제 끝내야 한다."[25] 입양아동 사망 사건의 원인이 전적으로 민간 기관에 입양을 맡겼기 때문이라는 주장이다. 공적 체계의 문제점은 언급하지 않은 채 민간에 모든 책임이 있다는 그의 말은 설득력이 부족하다.

국가는 매년 두 차례 이상 입양기관에 감사를 진행한다. 기관의 잘못이 있으면 인가 취소 등 조치를 취하는 것이 마땅하다. 그러나 입양기관의 법적, 행정적 문제가 밝혀진 바 없음에도 김희경 씨는 일방적인 제도 개편을 촉구했다. 이에 발맞추기라도 하듯 정부는 2021년 6월 30일 공적 입양체계를 개편하여 기습 시행에 들어갔다. 생부모(특히 임신한 미혼모) 상담을 각 지자체에 배치된 '아동보호전담요원'이 수행하고, 입양대상아동의 결정은 지자체의 '사례결정위원회'에 상정하여 추진하는 내용이다. 아동보호전담요원은 2020년 10월부터 선발되기 시작하여 입양에 대한 경험이 전무하다시피 하다. 입양 여부를 결정할 위원회도 제대로 구성되지 않아 국회에서 졸속 추진이라는 비판이 제기됐다. 정부는 인력도 예산도 제대로 확보되지 않은 지자체에 중요한 아동복지를 맡겨놓은 채 수수방관하고 있다. 게다가 한 입양기관이 그간 상담을 진행하던 임산부에게 구청을 연결해주자, 그가 베이비박스로 발길을 돌리는 일까지 발생했다. 위기 임산부나 미혼모가 아이를 입양 보내기 위해 자기 발로 관공서를 찾아야 한다는 것이 현실적으로 어떤 의미를 갖는지 보여주는 사건이다.

원칙적으로 입양의 공공화에 반대할 이유는 없다. 다른 사회복지 영역과 달리 인건비와 운영비를 자체 해결해야 하는 민간 입양기관의 난제에 국가가 더 책임 있는 자세를 갖는 것은 바람직하다. 그러나 일시에 입양 업무를 국가가 가져와 입양 진행에 공백이 생기고 입양이 위축된다면, 그 피해는 오롯이 시설에서 자라는 아이들이 입게 될 것이다.

일부 활동가들이 미혼모의 인권을 중심으로 입양 문제를 바라보면서 자신들이 비판하는 시스템 안에 '사람'이 있다는 것을, 그것도 제대로 보호받지 못하는 어린 생명들이 있다는 것을 보지 못하고 있다. 그로 인해 대중은 입양 시스템 뒤에 가려진 약자들의 숨결을 제대로 느끼지 못하게 되었다. 입양아동 사망 사건 이후 해당 입양기관의 업무는 거의 중단되고, 입양을 바라보는 대중의 눈은 더욱 싸늘해졌다. 무엇보다 입양대기 아동들이 가장 큰 피해를 입게 되었다. 시설에서 자라는 아이들을 위해 가장 먼저 해야 할 일은 입양에 덧씌워진 왜곡된 렌즈를 걷어내는 것이다.

모성 다시 보기

모성이 본능인지 사회적 구성물인지에 대한 논의는 오랜 기간 이어져왔지만 지금은 사회화에 따른 행동특성 쪽으로 기울어지고 있다. 세라 블래퍼 허디Sarah Blaffer Hardy는 『어머니의 탄생』에서 어머니를 '다면적 생명체로서 여러 정치적 목표들을 쥐고 곡예하는 전략가'로 묘사했다. 역사학적, 민족지적, 인구학적 사례 연구에서 아이 돌봄을 거부하는 어머니들이 다수 보고되었고, '어머니가 유전적으로 아기를 양육하도록 프로그램화되어 있다'는 본질주의적 논변의 뿌리는 손상됐다고 저자는 말한다. 그럼에도 우리 사회는 희생적인 생모와 대조되는 이기적인 입양모 이야기를 자연스럽게 받아들이고, '고아'나 '출생의 비밀' 등의 소재를 대중문화의 양념처럼 소비한다.

입양인들의 생모 상봉에 얽힌 이야기는 모성과 핏줄의 신화에 대한 근본적인 질문을 던지게 한다. 다음은 입양인의 요청에 따라 입양기관에서 생모에게 연락했으나 생모 쪽에서 상봉을 거절한 사례들이다.

입양인이 만나기를 원한다는 내용의 등기우편을 입양기관이 생모에게 보내자, 생모 A씨는 입양기관으로 전화해서는 이렇게 갑작스런 연락은 법에 어긋나는 일이라면서, 우편물을 남편이 봐서 가정이 파탄에 이르렀는데 책임질 수 있냐고 격분했다. 그러고 또 연락하면 가만두지 않겠다며 사회복지사에게 협박에 가까운 항의를 했다.

생모 B씨는 극도의 두려움을 표했다. 입양기관에 "제발 연락하지 말아 달라"고 떨리는 목소리로 울며 요청했다. 현재 남편도 모르고 아이들도 어려서 입양인과 연락하기 어려우니 더 이상 우편물을 보내지 말아달라고 호소했다.

생모 C씨는 처음 연락이 닿았을 때 매우 감격했으나 이후 갑자기 태도를 바꾸어 진짜 혈연인지 어떻게 확신하냐고 의심했다. 이에 기관에서 유전자 검사를 권했으나 거부하면서도, 어느 날은 본인의 수술비가 필요하다며 입양인에게 수술비를 요구하기도 했다. 입양인이 어렵다고 대답하자 C씨는 다시 본인의 자녀가 아닌 것 같다고 말하는 등 기이한 태도를 이어갔다. 기관에서 유전자 검사를 하도록 설득했고 검사를 마친 결과 혈연임이 증명되었지만, 그 후로도 C씨는 만나지 않겠다며 일방적으로 연락을 끊었다가 다시 연락을 해오는 등 혼란스러운 모습을 보였다.

생모 D씨는 재혼 후 여러 명의 자녀를 둔 경우로, 입양인의 연락을 받자 입양가족과 함께 상봉을 했고 만남을 지속했다. 그러나 2년 후 생모 D씨는 입양부모에게 여러 차례 돈을 빌려달라고 요구하다가 관계가 끊어지게 되었다.

물론 입양인과 생모가 좋은 관계를 이어가거나 평생 입양 보낸 자녀를 그리워하며 사는 생모도 있다. 중요한 것은 특정한 집단을 하나의 틀에 넣어 구조적 희생물로만 해석하는 것은 합리적이지 않다는 것이다. 어떤 사람이든 구체적인 관계 속에서 스스로 자기 삶을 만들어가는 존재이기 때문이다.

『미혼모의 탄생』을 쓴 권희정 씨는 서구에서 1970년대까지 지속된 베이비 스쿱baby scoop 시대*가 한국에서는 오늘날

---

* 국자로 퍼내듯 아이들을 퍼갔다는 의미로, 미혼모들이 체계적이고 폭력적인 방식에 의해 자녀를 입양 보내야 했던 시기를 말한다.

까지도 이어지는 중이라고 말한다. 이는 입양을 통해 미혼 모성을 '병리화'하는 과정이고, 입양 활성화라는 언설로 미혼 모성이 '탈모성화'됨을 뜻한다는 것이다. 그러나 국가와 대다수 국민, 입양기관 등이 미혼모를 억압해왔다면 이를 풀어야 할 첫 단추는 무엇일까? 저자는 입양을 비판하는 데 중점을 두었다. 이는 앞뒤가 바뀐 해석이 아닐 수 없다.

실제 입양 현장으로 가보자. 혼외 출생 아동을 그림자 같은 존재로 낙인찍으며 국내입양을 위축시키고, 해외입양 보내는 데 앞장선 이들은 누구인가? 국가와 입양기관만의 책임인가? 더 큰 원인은, 드라마 속 출생의 비밀을 가십거리로 소비하며 핏줄과 모성신화에 집착하는 우리 모두가 아닌가? 미혼모 지원 대책도 입양 활성화도 여전히 양지로 나오지 못하고 있지만, 권희정 씨는 "미혼모의 자궁을 입양모의 가슴으로 대체했다"고 말하며 대립각을 세웠다. 그러나 모성은 자궁을 가진 여성에게만 국한된 신비하고 절대적인 어떤 것이 아니다. 입양을 보낸 미혼모들은 시대의 희생자임이 분명하지만, 양육을 택한 미혼모와 마찬가지로 열악한 사회구조 안에서 자신의 삶을 선택하는 주체이기도 하다.

'탈모성화'라는 권희정 씨의 말은 자칫 모성이라는 고정

된 실체가 있다는 착각을 불러일으킬 만한 위험한 용어다. 미혼부의 '탈부성화'라는 말이 어색하다면 모성에 대해서도 마찬가지다. 모성을 신비화하지 말고, 탈모성화라는 말 대신 한국 사회가 여성의 자기결정권을 억압했다는 말로 대체해야 한다. 지금 모성 운운하는 것보다 시급한 일은, 혼외출생자에 대한 부정적 인식의 뿌리를 살피고 미혼모 가정과 입양가정에 대한 편견을 없애려는 노력이다.

특히 우리 사회의 편견을 강화하는 데 주된 역할을 한 것은 혈연주의를 적극적으로 배양해온 대중매체라고 생각한다. 예를 들어 2019년 방영된 드라마 〈동백꽃 필 무렵〉은 미혼모인 동백의 생모를 비현실적일 만큼 강인한 모성을 가진 사람으로, 동백을 파양한 입양모는 천박하고 위선적인 인물로 그렸다. 이 드라마는 따뜻한 스토리 전개로 시청자들의 많은 사랑을 받았지만, 한편으로 과거 회귀의 모성신화와 혈연주의라는 뿌리 깊은 편견을 전파하는 역할도 했다.

이와 유사하게 수많은 매체에서 출생의 비밀, 핏줄 예찬, 계부모나 입양부모의 악행 등을 다루어왔고 대중은 이를 여과 없이 받아들였다. 인식 변화를 위한 첫걸음은 대중매체에 대한 모니터링 정책으로 미혼부모, 입양, 혈연에 대한 유해한 사고를 퍼뜨리는 일을 감시하는 것이 아닐까. '입양감수성'을 강화하는 일이야말로 사각지대에 놓인 아이들을 지키는 지름길이라는 생각이 든다.

한 아이의 세상이 바뀌면

핏줄 얘기가 나오면 생각나는 사건이 있다. 2015년 2월 《뉴욕타임스》에 실린 '프랑스의 바뀐 아기와 모성애에 대한 교훈'이라는 제목의 기사다.[26] 출산 당시 병원 쪽의 실수로 바뀐 아이를 키운 부모들이, 10년 후 유전자 검사를 통해 뒤늦게 사실을 알게 된 사연이었다. 자신의 아이로 알고 키워왔기에 두 가족의 충격과 당황스러움은 이루 말할 수 없었다. 양쪽 가족이 처음 만났을 때 부모도 아이들도 서로 낯설어 어찌할 바를 몰랐다. 몇 차례 만남을 이어갔지만 두 가족은 친분을 쌓는 데 어려움을 겪었다. 결국 만남을 그만두기로 하고 논의를 거쳐 양가 모두 자신이 양육해온 아이를 그대로 키우는 쪽을 택했다.

둘 중 한 어머니는, "나의 생물학적인 딸은 나를 닮았다. 그러나 나는 그 아이의 엄마가 아니라는 것도 어느 순간 알게 됐다"고 말했다. 또한 "가족을 만드는 것은 핏줄이 아니라 우리가 함께 쌓아온 시간"이라고 덧붙였다. 이 기사에서 '모성애에 대한 교훈'이라는 제목을 뽑은 기자의 혜안이 돋보인다. 하나의 사례를 일반화할 수는 없겠지만, 혈연에 대한 절대적 믿음에 질문을 던진 사건이었다.

입양에 대한 편견도 이런 관점으로 짚어보면 어떨까. 입양인의 출생가족 찾기는 최종 목표가 아니라 새로운 시작을 뜻한다. 오랜 시간과 공간의 차이를 메워가는 일은 지난한 노력이 필요하고, 만남을 이어가거나 관계를 단절하는 등 다양한 경우가 있을 것이다. 그러나 분명한 것은, 결국 대부분의 상봉이 입양가정 내의 관계에 큰 영향을 끼치지는 않으리라는 것이다.

프랑스의 사례와는 매우 다르게 전개된 이야기가 있다. 〈그렇게 아버지가 된다〉*라는 일본 영화는, 출생 후 6년이 지나 아이가 바뀐 것을 알게 된 부모가 다시 자녀를 바꿔 키우기로 결정하면서 겪는 이야기이다. 아내와 아들 케이타와 함께 살아오던 료타는 성공한 건축가로 남부러울 것

● 고레에다 히로카즈 감독이 부모와 자녀, 혈연과 시간에 대해 고민하며 만든 가족 영화(2013).

이 없었지만, 아들이 바뀌었다는 충격적인 사실을 접하고 삶에 커다란 균열이 생긴다. 카메라는 그가 변화하는 모습을 세밀히 따라가며 초점을 맞춘다. 아이를 낳았던 병원으로부터 아들 케이타가 바뀐 아이라는 소식을 들은 후, 그는 자신의 친생자를 키우고 있는 유다이의 가족을 만난다.

허름한 전파상을 운영하고 있으며 게을러 보이지만 유다이는 진심으로 아이들을 사랑하는 인물이다. 양쪽 집안의 아이들이 놀이터에서 어울려 뛰노는 장면 속에 두 아버지가 나누는 대화는 영화의 핵심 메시지를 전한다. 료타가 아이와 목욕 한번 같이 안 한 아버지라는 것을 알고 유다이는 조언한다. "그런 걸 귀찮아하면 안 돼요." 아이와 함께하는 시간이 소중하다는 유다이의 말에 료타는 답한다. "시간만 중요한 건 아니죠." 그러나 유다이는 반문한다. "무슨 소리예요? 시간이 중요하죠!" 유다이는 가족에게 결정적으로 중요한 것이 '함께하는 시간'임을, 담백하지만 단호한 목소리로 전한다.

프랑스의 실화와 일본의 영화가 전하는 기본적인 메시지는 같다. 가족을 이루는 데 중요한 것은 '함께하는 시간'이라는 점이다. 그렇다면 입양에 대해 말할 때 '시간'의 개념은 어떻게 다뤄지고 있을까. 앞서 말한 김희경 씨의 칼럼은 '시간'을 이렇게 언급한다. "입양인들은 정인이의 경우처럼 빠르게 결정되는 입양에 반대한다. 입양기관과 부모들은 '초기 애착형성'을 이유로 '더 빠르게'를 말하지만, 입양인들은 부모의 양육 편의만을 고려한 입장 아니냐고 묻는다." 입양 과정에 걸리는 시간을 신속하게 하기 위한 노력은 입양부모의 입장만을 고려하는 이기적인 행위라는 뜻이다. 여기서 말하는 입양인들이 어떤 대표성을 띠는지 모르지만, 정인이를 입양하기 위해 예비부모가 절차를 밟은 시간은 단순 대기 기간을 제외하고도 일 년 이상 걸렸다. 적어도 이 케이스에서 빠르게 진행된 입양이라는 표현은 사실이 아니다.

원가정이 기능을 다하지 못할 때 입양을 통해 최대한 신속히 아동을 다른 가정에 배치해야 한다는 것은 국제적 기준이다. 무엇보다 위기 상황에 놓인 아이들을 위한 조치다. 신속한 결정이 부모의 편의만 고려한 입장이라는 말은 어불성설이다. 영유아기에 부모-자녀의 입장을 분리하기란 쉽지 않다. 생후 6주~8개월까지를 기본적인 애착형성 단계라고 보는 것이 정설[27]이고, 이에 따르면 입양 절차가 지연될 때 가장 큰 피해를 입는 대상은 바로 아동이다. 원가정 보호가 어려운 아동에겐 신속함과 섬세함에서 어느 한쪽에 우선순위를 둘 수 없다. 즉 시간의 중요성을 섬세한 눈으로 들여다봐야 한다. 아이들의 시간은 부모의 시간과 별개가 아니다. '시간'을 놓친 이가 부모의 자리를 찾기 위해서도 각고의 노력이 필요하다.

우리 대부분은 양육자의 따뜻한 품을 가슴속에 간직하며 산다. 때로는 신화나 드라마를 통해 비현실적 모성을 추구하기도 하지만 실제로 우리가 바라는 어머니는 현실 속에서 함께 울고 웃는 존재다. 부모의 손길을 받지 못하는 아이가 간절히 어머니를 찾을 때 우리 사회는 늦지 않게 대답할 준비가 되어 있을까? 핏줄로 연결되어 있지 않아도 누군가 넉넉한 품을 내어준다면 세상은 바뀌기 시작한다. 한 아이의 세상이 바뀌면 세상 전체가 바뀔 수 있다. 아이의 존재는 또 하나의 세상이므로.

가족을 만드는 건 함께한 시간이다

2006년 개봉한 영화 〈가족의 탄생〉에서 주인공 미라의 집으로 남동생 형철이 불쑥 찾아온다. 소식이 끊어진 지 5년 만이다. 스무 살 연상녀인 무신과 동행한 것은 그렇다

쳐도, 며칠 후 무신을 '엄마'라 부르는 어린 채현이 찾아온다. 누구냐고 묻는 누나의 말에 형철은 심상하게 대답한다, "응, 무신 씨 전 남편의 전 부인의 딸, 그쯤 돼."

우여곡절 끝에 무책임한 형철이 떠나버린 작은 집에서, 생면부지였던 두 여자는 핏줄과 전혀 상관없는 채현을 함께 키운다. 잊을 수 없는 장면. 두 사람이 마루에 차려진 밥상 앞에서 말없이 식사를 하면서 아이를 바라본다. 아이가 놀고 있는 마당은 어두워졌다 밝아졌다를 반복하며 시간의 흐름을 알린다.

이 영화가 기억에 남는 이유는 가족과 핏줄에 대해 달리 목소리를 높이지 않으면서도 선명한 답을 주고 있었기 때문이다. 식구란 서로 챙기면서 밥상 앞에 마주앉는 관계이며 같은 자리에서 아이를 바라보는 관계라는 것. 여기에 '피는 물보다 진하다'라는 말은 통하지 않는다. 또다시 몇 년이 흘러 형철이 다른 여자를 대동하고 나타났을 때 미라는 동생을 내쫓고 대문을 잠가버린다. 그에게 가족은 피를 나눈 동생이 아니라 함께 울고 웃으며 세월을 함께한 이들이었다.

입양가족으로 열다섯 해를 살아오면서 '피는 물보다 진하다'는 편견을 마주한 적이 많다. 그러나 피로 맺어지지 않은 우리 가족에게 입양은 종종 농담 소재가 된다. 아들의 어린 시절, 입양 사실을 모르는 이가 나와 아이의 외모를 보고 안 닮았다고 갸웃거리더니, 친정어머니까지 3대가 함께 있는 걸 보고는 "아, 네가 할머니를 닮았구나!" 말해 우리끼리 웃었던 적이 있다.

"이모, 세상에서 제일 중요한 게 뭔지 알아?"

15년 전, 보육원 아기 돌봄 봉사에 동행했을 때 보육원 뜰에서 혼자 놀던 여덟 살 조카 찬민이가 내게 물었다.

"글쎄, 사랑인가?"

"아니야, 세상에서 제일 중요한 건 생명이야."

찬민이의 말이 이어졌다.

"보육원 아기들은 엄마가 못 키우고 맡긴 거니까 슬프잖아. 그래도 아기들이 태어난 건 중요한 거야. 보육원 아기들은 태어나서 생명을 갖게 됐으니까."

찬민이는 유치원에서 생명교육을 받은 적이 있다. 보육원 뜰에서 놀며 그곳의 아기들을 나름대로 가슴에 품은 조카가 생명에 대한 마음을 전한 것이다. 이 책을 준비하면서, 어린 조카가 품었던 생명에 대한 마음을 독자들에게 전달하기 위해 글을 썼다는 생각이 들었다. 여덟 살 아이의 동심이 꿰뚫어본 생명의 소중함에 대해 우리 모두가 가없는 공감으로 화답하는 날이 오길 기원한다.

후주

01 「입양특례법의 입법 영향 분석 보고서」, 국회 입법조사처, 2017.

02 '영아에겐 치명적인 방임 행위…겉으로 보이지 않아 통계에도 안 잡혀', 《경향신문》, 2020.8.25.
   이규연의 스포트라이트, 불법 개인입양 브로커 심층취재, "아기가 팔린다", Jtbc뉴스, 2015.8.30.

03 「베이비박스를 둘러싼 사회정책적 쟁점 및 개선방안 연구」, 보건복지부, 2014.

04 안문희, '프랑스의 익명출산제도에 대한 유럽인권법원의 판결', 《법률신문》, 2019.4.22.

05 「아동복지시설 수 및 보호아동 현황」, 보건복지부, 2020.

06 김은지, '가난이 지운 '나'를 찾기까지', 《오늘의 교육》 58호, 2020.9.10.

07 황필규, ''고아원' 이제는 없애야 한다', 《한겨레》, 2020.1.24.

08 「주요 OECD 국가의 아동보호체계 사례 연구」, 한국보건사회연구원, 2005-14.

09 김광수, 『아동·청소년 그룹홈의 이해』, 학지사, 2013.

10 YTN '인터뷰 투데이', 2020.6.12.

11 「아동 공동생활가정 실태조사 발표 및 발전 방향」, (사)한국아동청소년그룹홈협의회, 2018.

12 우리 사회의 사회보장 수준과 정책추진 결과를 담은 「통계로 보는 사회보장 2017」, 보건복지부.

13 '보육원 생활하던 고등학생, 홀로서기 앞두고 건물서 추락사', 《중앙일보》, 2020.12.29.

14 HM Government, 『Keep on Caring: Supporting Young People from Care to Independence』, 2016, pp. 37-38.

15 「보호종료청소년 자립지원 방안」, 국회입법조사처, 2018. 9. 21.

16 장정은·전종설, '가정위탁의 시작에서 종결까지: 일반 가정위탁모의 장·단기 사례 비교를 중심으로', 한국가족복지학 제65호, 2019. 9.

17 The North American Council on Adoptable Children (NACAC), 'Eligibility and Benefits for Federal (Title IV-E) Adoption Assistance', 2019. 2. 9.

18 입양고아에 대한 문학적 성과-김연수의 '심연', 최윤의 '오릭맨스티'에 부쳐, 《한겨레》, 2012. 11. 12.

19 러셀 무어, 『입양의 마음』, 윤종석 옮김, 복있는사람, 2018.

20 '입양, 아이 입장선 강제 이주되는 학대', 《경향신문》, 2018. 1. 19.

21 토비아스 휘비네트, 『해외 입양과 한국 민족주의』, 뿌리의집 옮김, 소나무, 2008.

22 '1993 헤이그 국제아동 입양협약의 이행과 운영 -모범적 이행을 위한 지침(The Implementation and Operation of the 1993 Hague Intercountry Adoption Convention GUIDE TO GOOD PRACTICE)'

23 홍지희 글·박시온 그림, 『엄마, 나도 엄마 배 속에 있었어?』, 열린북스, 2018. (책 문의는 blog.naver.com/openjunior)

24 이순형, '멈춰 선 아동학대 방지 시스템, '정인이' 또 나온다', 《주간동아》, 2021. 01. 17.

25 김희경, '들어보셨어요, 입양인의 말?', 《한겨레》, 2021. 1. 27.

26 'In France, a Baby Switch and a Lesson in Maternal Love', 《The New York Times》, 2015. 2. 24.

27 John Bowlby, 『Attachment Theory 애착 이론』, 1969.

부록

가정위탁제도에 참여하려면

입양 정보를 얻을 수 있는 단체

함께 나누면 좋은 책과 영화

이 책을 후원해주신 분들

가정위탁제도에 참여하려면

지역(일반) 위탁

대상

• 보호자가 없거나 보호자로부터 이탈된 18세 미만의 아동
• 아동을 양육하기에 적절치 않거나 능력이 없는 보호자를 둔 아동

자격

• 25세 이상(부부의 경우 모두), 위탁아동과의 나이 차가 60세 미만
• 자녀가 없거나 위탁아동을 포함 4명 이내 (18세 이상 제외)
• 성범죄, 가정폭력, 아동학대, 정신질환 등의 전력이 있는 가족
  구성원이 없을 것

신청 읍·면·동 주민센터, 가정위탁지원센터 (1577-1406)

절차

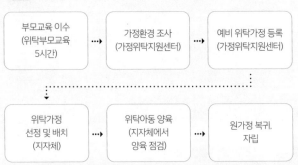

부모교육 이수 (위탁부모교육 5시간) → 가정환경 조사 (가정위탁지원센터) → 예비 위탁가정 등록 (가정위탁지원센터) → 위탁가정 선정 및 배치 (지자체) → 위탁아동 양육 (지자체에서 양육 점검) → 원가정 복귀. 자립

입양대기아동 위탁

대상

• 입양 전까지 양육, 보호가 필요한, 주로 만 1세 전후의 아동

자격

• 25세 이상 60세 이하로 양육 경험이 있어야 하고
  막내가 초등학생 이상인 가정 (기관별로 차이 있음)
• 다른 부업을 하지 않거나 겸업하지 않는 가정
• 반려동물을 키우지 않는 가정 (기관별로 차이 있음)

신청

동방사회복지회, 대한사회복지회, 홀트아동복지회, 성가정입양원

절차

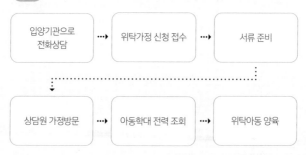

입양 정보를 얻을 수 있는 단체

한국입양홍보회 (mpak.org)

1999년 설립되어 국내 공개입양운동의 본격적인 시작을 알린 단체. 해외입양인 스테판 모리슨(Stephen C. Morrison, 최석춘)과 국내 입양부모 한연희(전 한국입양홍보회 회장)의 만남을 통해 입양 홍보기관으로 출발했다. 반편견 입양교육, 연장아 입양 모임, 각 지역의 입양가족 자조모임 등에 대한 체계적인 정보와 공개입양 가족의 일기를 찾아볼 수 있다. 단체의 영문표기는 'Mission to Promote Adoption in Korea'로, 약칭은 'MPAK(엠펙)'이라 한다.

건강한입양가족모임 (cafe.naver.com/greenmpak)

2010년 공개입양 가족의 온라인 모임으로 시작하여 입양 활성화와 공개입양을 지향하며 온·오프라인 모임을 이어가는 단체. 2021년 기준 1만3천여 명이 활동하는 국내 최대 입양가족 커뮤니티로 예비 입양부모의 관문이 되고 있다. 입양 절차, 입양가족의 지역모임, 입양아동 모임, 공개입양, 입양특례법 등에 대한 정보를 얻을 수 있다. 정회원이 되면 각 지역의 입양가족 일기를 읽을 수 있다.

전국입양가족연대 (kadoption.org)

2018년 1월 남인순 의원의 '입양특례법 전부개정안' 발의를 저지하는 활동을 계기로 입양부모들이 중심이 되어 만든 단체. 입양활성화 법안운동을 위한 비상대책위원회에서 출발하여 비영리단체 '전국입양가족연대'로 정식 출범했다. 대언론 사업, 입양정책 및 법안 관련 사업, 입양가족의 권익향상 사업 등 입법 관련된 일과 시민단체로서도 활발히 활동하고 있다. 여러 시민단체와의 연계를 통해 생명존중, 보호종료아동의 권익, 보호출산제도 등 '모든 아동이 가정을 가질 권리'를 목표로 일한다.

아동권리보장원 (ncrc.or.kr)

2018년 아동권리보장원이 설립된 이후 중앙입양원, 아동자립지원단, 중앙아동보호전문기관, 중앙가정위탁지원센터, 디딤씨앗지원사업단 등이 이에 통합되었다. 2020년 기획재정부 고시에 따른 '기타공공기관'으로 지정되었다. 아동정책 수행과 아동복지 관련 사업 추진을 위한 정책 수립을 지원한다. 아동학대 예방, 가정위탁, 입양 등의 사업 활성화를 꾀하고 아동복지 시설 운영을 지원한다. 위탁, 입양, 보호종료아동의 자립, 아동학대, 지역아동센터 등 아동복지 전반에 대한 정보를 얻을 수 있다.

전국의 입양기관

서울
홀트아동복지회 02-331-7032
동방사회복지회 02-332-3941
성가정입양원 02-764-4741~3
한국사회봉사회 02-908-9191
대한사회복지회 02-552-1017

인천
홀트아동복지회 032-424-0145
동방사회복지회 032-502-2226

경기
홀트아동복지회 031-217-5999
동방사회복지회 031-442-7750
대한사회복지회 031-877-2849

광주
홀트아동복지회 062-227-8877
동방사회복지회 062-222-9349
광주영아일시보호소 062-222-1095

전남
대한사회복지회 061-333-2882

충북
꽃동네 천사의 집 043-879-0292

대전
동방사회복지회 042-526-3129

충청
홀트아동복지회 042-586-1983

대구
홀트아동복지회 053-756-0183
동방사회복지회 053-755-1077
대한사회복지회 053-756-1392

부산
홀트아동복지회 051-465-0224
동방사회복지회 051-469-5586
대한사회복지회 051-621-7003

제주
제주국내입양센터 064-758-0845

출처 _ 아동권리보장원

함께 나누면 좋은 책과 영화

아이들과 함께 보면 좋은 그림책

『고슴도치 아이』, 카타지나 코토프스카 씀, 최성은 옮김, 보림, 2019.

『내가 우리 집에 온 날』, 차예은·신애라 씀, 위즈덤하우스, 2019.

『새로운 가족』, 전이수 씀, 엘리, 2017.

『이웃집에는 어떤 가족이 살까?』, 유다정 씀, 오윤화 그림,
위즈덤하우스, 2012.

『입양아 올리비아 공주』, 린다 그리바 씀, 셰일라 스탕가 그림,
김현주 옮김, 꿈공작소, 2012.

『우리 가족이야』, 윤여림 씀, 윤지회 그림, 토토북, 2009.

『너의 생일이면 언제나』, 로즈 루이스 씀, 제인 다이어 그림,
노경실 옮김, 고래이야기, 2009.

『악어오리 구지구지』, 천즈위엔 씀, 박지민 옮김, 예림당, 2003.

『엄마, 나도 엄마 배 속에 있었어?』, 홍지희 씀, 박시온 그림, 열린북스,
2018.

『엄마, 나를 낳은 사람은 누구야?』, 홍지희 씀, 김민지·김민영·
김수진·김나영 그림, 열린북스, 2018.

새로운 가족에 관한 영화·드라마

<가족이 되기까지>, 잔 에리 감독, 2018, 프랑스.

<어느 가족>, 고레에다 히로카즈 감독, 2018, 일본.

<인스턴트 패밀리>, 숀 앤더스 감독, 2018, 미국.

<눈동자가 닮았다>, 루시앙 장-밥티스트 감독, 2016, 프랑스.

<그렇게 아버지가 된다>, 고레에다 히로카즈 감독, 2013, 일본.

<가족의 탄생>, 김태용 감독, 2006, 한국.

<마더>, 김철규 연출, 2018, 한국 드라마, tvN.

함께 읽으면 좋은 책

『아동학대에 관한 뒤늦은 기록』, 류이근·임인택·임지선·최현준·하어영 씀, 시대의창, 2017.

《한겨레》 탐사기획팀 기자들의 취재로 드러난 한국 아동학대의 현주소를 담았다. 알려지지 않은 사건, 드러나지 않은 피해자들까지 꼼꼼히 살피고 전문가들과 함께 구체적인 대안을 제시한다.

『세상에서 지켜진 아이들 1, 2, 3』, 안태구·주해란 외 씀, 메이킹북스, 2020-2021.

보호종료아동들이 말하는 양육시설 그리고 퇴소 이후의 이야기. 당사자들의 생생한 목소리를 통해 보호종료아동의 삶과 이들에게 필요한 사회적 지원에 대해 고민해볼 수 있다.

『입양의 마음』, 러셀 무어 씀, 윤종석 옮김, 복있는사람, 2018.

신학자 러셀 무어가 입양의 의미와 필요성을 성경신학을 통해
풀어낸 책이다. 우리는 모두 하나님의 가정에 입양되었다는 그의 말
속에는 종교를 뛰어넘는 깨달음이 들어있다.

『할머니 의사 청진기를 놓다』, 조병국 씀, 삼성출판사, 2009.

50년이라는 세월 동안 갈 곳 없는 아이들의 주치의로 헌신했던
홀트아동병원 조병국 원장의 의료 일기. 6만 명이 넘는 아이들의
생명을 살린 따뜻한 손길에서 벅찬 감동을 느낄 수 있다.

『나는 행복한 고아입니다』, 이성남 씀, 북랩, 2020.

보육원에서 성장한 저자가 들려주는 진솔한 인생담.
한국고아사랑협회 회장이기도 한 저자는 원가정 바깥에서 자라고
있는 아이들에게 경험에서 우러나온 희망의 메시지를 보낸다.

『세상의 모든 소린이에게』, 김지영 씀, 오마이북, 2016.

딸 소린이를 입양한 저자가 입양에 대한 그릇된 시선을 바꾸기 위해
취재에 나섰다. 입양가정뿐 아니라 입양단체, 미혼모 등을 만나며
우리에게 지혜와 용기를 주는 22가지 입양 이야기를 담았다.

『긴긴밤』, 루리 씀, 문학동네, 2021.

세상에 마지막으로 남은 흰바위코뿔소와 그의 품에서 태어난 어린
펭귄의 이야기. 겉모습이 다른 존재들이 사랑으로 서로를 돌보는
모습은 우리에게 '긴긴밤'을 통과할 힘을 줄 것이다.

이 책을 후원해주신 분들

모든 아이들에게 따뜻한 보금자리가 주어지길 바라며 책이 출간될 수 있도록 '텀블벅'을 통해 후원해주신 분들께 감사의 인사를 드립니다. 텀블벅은 창작자를 위한 크라우드 펀딩으로, 아래는 2021년 6월 25일부터 7월 25일까지 후원에 참여해주신 분들입니다.

(사)한국아동청소년그룹홈협의회 · 강아·현이네 · 고슴도치 · 권경우 규진·슬찬·찬혁이네 · 그렇게가족이된하린이네 · 기쁨이네 · 김기진 김민준 · 김보영 · 김성희 · 김수정 · 김아리 · 김연숙 김예나 · 김인용 · 김종미 · 김지영 · 김하명 · 김해나 · 김형만 나윤·하윤이네 · 남영은 · 너는꽃 · 높새 · 다온이네 독고명실·송진안 · 둥굴레 · 들꽃네송이 · 림보책방 · 명탐정귤 문성희 · 문호일 · 미서 · 민균엄마 · 민들레청년이상춘 민아·민서·수현맘 · 민욱이네 · 민재네 · 민정례 · 민주 · 민주엄마 박경희 · 박근 · 박선미 · 박성순 · 박에스더 · 박정희 · 박홍정 배슬기 · 변효중 · 별님 · 별똥별 · 별바람 · 보물상자 · 본승이네 부엉이 · ㅅ_ㅇㅇ · 사랑과은혜로가족이되다 현슬·하율이네

산책 · 서경애 · 서울선맘 · 서유진 · 서정한 · 서혜원(수원모임)
성미선 · 성민·성준·혜인이네 · 성민·성훈이네 · 소금
소연·홍가·소이아빠 신용운 · 소예네 · 손민재 · 손진욱 · 솔지네
솜이네 · 송민심 · 수선화 · 수윤이네 · 수호랑 · 심정희(오늘)
아라 · 안정옥 · 양지 · 앵두 · 엄정숙 · 예나네 · 예성·예솔이네
예원이엄마 · 예진·예은이네 · 오연재 · 용감한오남매네 · 원경미
유승희 · 원팅투비 · 윤도현 · 윤서희 · 윤지영 · 은송이엄마
은해·동해엄마 · 이도경 · 이미경 · 이미란(아하) · 이미숙
이선우 · 이성남 · 이영미 · 이예린 · 이옥희 · 이임주 · 이종서
이혜민 · 임성빈 · 임수남 · 임영은 · 임지현 · 자문자답
쟈 · 전경아 · 정숙영 · 정우엄마 · 정태성 · 정한영아
정해민 · 정현주 · 조연미작가 · 조정하 · 진청록 · 쭈쭈맘
차나리 · 참약사 · 천은진 · 초코 · 최강섭 · 최성아 · 최성훈
최은아 · 최정윤 · 춘천한사랑회 · 콜라 · 하나가족 · 하루엄마
하리하네 · 한일광 · 한정희 · 해민이네 · 혜준이네 · 호연이네
홍설수미 · 홍종미 · 홍지희 · 황정화 · 황혜영 · 효반·효정이네
효정 · 희랑·희래 · 희찬·하은·승천이네 · meloria choi

그렇게 가족이 된다
핏줄신화를 넘어 또 다른 가족을 상상하며

초판 1쇄 발행	2021년 8월 5일
초판 2쇄 발행	2021년 10월 15일

지은이	정은주
펴낸이	현병호
편집	장희숙
디자인	정모경

펴낸곳	도서출판 민들레
출판등록	1998년 8월 28일 제10-1632호
주소	서울 성북구 동소문로 47-15, 1층
전화	02-322-1603
팩스	02-6008-4399
전자우편	mindlebook@gmail.com
홈페이지	mindle.org
페이스북	facebook.com/mindle9898
ISBN	979-11-91621-01-3 (03330)